CARLO M. MARTINI

Dem Leben

Jesu

auf der Spur

CARLO M. MARTINI

Dem Leben
Jesu
auf der Spur

Meditationen

Aus dem Italienischen von
Silvia Kritzenberger

HERDER

FREIBURG · BASEL · WIEN

Inhalt

Vorwort

Das heimliche Feuer
in der Seele von
Carlo Maria Martini

Ich kann mich an einen Moment in meiner Freundschaft mit Carlo Maria Martini erinnern, in dem mich mit ehrfürchtigem Schauder das Gefühl überkam, den tiefen geheimen Kern seiner Persönlichkeit berührt zu haben.

Wir alle kannten seine vornehme Erscheinung und sein liebenswertes Wesen; seine Bereitschaft zum Zuhören; sein sicheres Urteilsvermögen; das wissende Lächeln, das oft auf seinem klugen Gesicht lag; seine feine Ironie. »In meiner Position«, hat er mir im Mailänder Erzbischofspalast an der Piazza Fontana einmal gesagt, »muss man gut aufpassen, was man sagt und tut. Schon die kleinste Geste kann im Sinne derer interpretiert werden, die dich auf ihre Seite ziehen wollen.«

Es gibt da aber eine Episode aus seiner Jugendzeit, die er immer wieder gern erzählt hat. Und diese Episode lässt bereits erahnen, welches heimliche Feuer hinter der Fassade dieses Piemontesen und Jesuiten schlummerte, den so gar nichts aus der Fassung zu bringen schien. Sie geht auf die Zeit zurück, als er am Päpstlichen Bibelinstitut in Rom studierte. Er nahm damals an einer der »Bibel-Karawanen« teil, die Pater Robert North leitete. Als sie beim »Teich von Gibeon« (el-Dschib, ungefähr zwölf Kilometer nordwestlich von Jerusalem) angekommen waren – ein riesiges Kalksteinbecken, das fünfundzwanzig Meter tief und mehr als elf Meter breit ist –, beugten sich die Mitglieder der Gruppe nach vorn, um den Beckengrund zu fotografieren. Als Carlo Maria an der Reihe war, spürte er plötzlich, wie der Boden unter seinen Füßen nachgab. Und da durchfuhr es ihn wie ein Blitz: Er hätte hier sterben, in diesen tiefen Abgrund stürzen können! Und dieser Gedanke erfüllte ihn mit tiefer Freude: hier zu sterben, jetzt gleich, im Heiligen Land! Was für ein Schicksal, was für eine Gnade wäre das gewesen!

Das ganze Gebiet ist reich an Erinnerung: an das »Feld der Steinmesser« (Chalqat haTzurim), wo die zwölf Krieger des Abner, aus dem Stamm Benjamin und dem Isch-Boschet (Ischbaal) treu, die von Joab (2 Sam 2,12–16) angeführten zwölf Knechte des David aus dem Stamm Juda töteten, und dann selbst getötet wurden. An die nahe gelegene Höhe zu Gibeon, heute Nabi Samwil, wo Salomo den Herrn bat, ihm Weisheit und Einsicht zu schenken (1 Kön 3,4–15). Oder an den Streit zwischen Johanan, Sohn des Kareach, und Jischmale, Sohn des Netanja, der Gedalja ermordet hatte, Sohn des Ahikam, den der König von Babel nach dem Fall Jerusalems zur Zeit des Jeremias als Statthalter im Land eingesetzt hatte (Jer 41,11–18).

Von diesen historischen Gedächtnissen einmal abgesehen, würde ich das, was Carlo Maria damals passiert ist, als plötzliches Entdecken einer mystischen Ader deuten, die wie selbstverständlich bereits tief in seinem Innersten geschlummert hatte, ohne dass er sich dessen bewusst gewesen wäre: das starke spontane

Verlangen, ganz in Gott aufzugehen in diesem Land Israel, Schauplatz der Menschwerdung Gottes in unserer Welt. Einem Volk und Land Israel, das – wie er gern zu sagen pflegte – von all unseren Lieben die größte sein sollte.

Francesco Rossi de Gasperis SJ

Einführung

Das Leid teilen

Im Mittelpunkt der bisher unveröffentlichten Weihnachtsbotschaft, die Kardinal Carlo Maria Martini 2006, als er noch zwischen Jerusalem und Mailand hin- und herpendelte, an die katholischen Gemeinden im Heiligen Land schrieb, steht eine Feststellung, die heute ganz besondere Aktualität hat: Dem anderen zuzuhören, seine Argumente gelten zu lassen, führt unweigerlich zum Weg des Dialogs und des Friedens, den das Heilige Land und die ganze Welt beharrlich verfolgen müssen.

Wenn man zum Weihnachtsfest – auf Hebräisch und Arabisch – an die katholischen Gemeinden im Heiligen Land schreibt (und dabei auch an alle Männer und Frauen anderer christlicher Konfessionen denkt!), kommt einem sofort der biblische Hoffnungswunsch in den Sinn, den sich schon der heilige Franz von Assisi zu eigen machte: Der Herr schenke euch Frieden. Die Gemeinschaften hier haben viel gelitten, leiden noch immer und leben inmitten von Völkern, die großes Leid erfahren. Und auch die Nachrichten, die wir täglich aus dem Nahen Osten erhalten, sind nichts anderes als ein Crescendo verzweifelter Situationen, aus denen es scheinbar keinen Ausweg gibt.

Natürlich lässt uns jedes Leid klagen, löst Wut, Groll, Schuldzuweisungen aus, außer- und innerhalb der Gemeinschaft, und manchmal sogar den Wunsch nach Rache. Nicht umsonst kann man auf vielen Seiten der Bibel Sätze lesen wie diese: »Wie lange noch, Herr, vergisst du mich ganz? Wie lange noch verbirgst du dein Gesicht vor mir? Wie lange noch darf mein Feind über mich triumphieren? Wie das Feuer, das ganze Wälder verbrennt, wie die Flamme, die Berge versengt, so jage sie davon mit deinem Sturm und schrecke sie mit deinem Wetter...« Es sind Klagen über das Leid, das von außen auferlegt wird, und über die Gewalt, die im Innern herrscht. Es ist die Hoffnung, dass am Ende »alles wieder ins Lot kommt«, und die Wut darüber, dass man auch im Innern der Gemeinschaften und Gruppen den Eindruck hat, dass »jeder nur seine eigenen Interessen verfolgt«. So gesellen sich zu den Episoden der Armut und Entbehrung auch noch die der Korruption und der Ausbeutung der Armen.

Aber eine Klage ohne Ende, auf die keine Taten folgen, entspräche nicht der christlichen Berufung. Sie würde uns trauern lassen »wie die anderen, die keine Hoffnung haben« (1 Thess 4,13), uns am Ende in einen ausweglosen Strudel von Rachsucht und Gewalt ziehen. »Wenn es also Ermahnung in Christus gibt, Zuspruch aus Liebe« (Phil 2,1), wenn es einen Weg gibt, der aus dem Evangelium kommt, dann haben wir die Pflicht, ihn einzuschlagen und den anderen zu weisen.

Wer in dieser Situation echten Trost und echte Ermutigung anbieten möchte, der muss zunächst einmal jeden auch noch so legitimen Gedanken daran beiseiteschieben, wer hier mehr oder weniger gelitten hat. Schließlich geht es nicht darum, die Rechnung für erlittenes Unrecht und die sakrosankten Gründe zu präsentieren, die für uns sprechen. Das alles wurde bereits Jahrzehnte, Jahrhunderte lang minutiös aufgelistet und ist bestimmt nicht der Bereich, in dem die christliche Gemeinschaft einen besonderen Beitrag leisten kann.

Leid ist leider etwas, das jeder von uns kennt. Und wenn ich leide, dann muss ich auch verstehen wollen, worunter andere leiden oder leiden könnten, die in einer ähnlichen Lage sind wie ich. Der geduldige und demütige Dialog, der zuhören kann, das Leid des anderen verstehen will, hat uns und vielen anderen von Gewalt und Rachsucht zerrütteten Ländern viele gute Früchte gebracht. Auf die Menschlichkeit des anderen zu vertrauen, vor allem, wenn er leidet, kann nur gute Resultate bringen. Nicht umsonst wurde genau das schon oft von namhafter Seite gefordert.

Wenn wir wirklich den Wunsch haben, den anderen zu verstehen, ihn als Person zu sehen, die genauso leiden kann wie ich – auch wenn ich sie im Moment eher als die ungerechte Ursache meines eigenen Leids betrachte –, dann können in solchen Situationen starke biblische Worte zum Tragen kommen: Trost, Gnade, Wiedergutmachung, Solidarität.

Trost

Den Römern gibt Paulus zu verstehen, dass das Leid, das wir hier auf Erden ertragen müssen, nichts ist im Vergleich zu der Freude, die uns erwartet. Und auch Petrus erinnert uns in seinem ersten Brief daran, dass wir Christen trotz aller Prüfungen doch auch eine Hoffnung haben, die das Herz mit Freude erfüllt. Im zweiten Brief an die Korinther dagegen erfahren wir, dass uns der Gott allen Trostes in jeder Trübsal tröstet (was immer auch der Grund dafür sein mag), damit wir auch andere trösten können, die ähnlich betrübt sind wie wir.

Der Trost, den der Heilige Geist verspricht, besteht nicht nur aus schönen Worten. Er öffnet uns Herz und Verstand, lässt uns unsere schmerzliche Situation in einem weiteren Kontext sehen. Einem Kontext, der unser Land, die ganze Welt umfasst, und als schmerzliches Stöhnen der ganzen Schöpfung beschrieben wird. Das macht uns geneigt, mehr an die Leiden der anderen zu denken als an unsere eigenen; mehr an die gemeinsamen als die privaten. Es macht uns bereit, uns aufzuraffen und dem oder den anderen zu verstehen zu geben, dass ihr Leid erkannt und verstanden wird, dass man ihm ein Ende zu setzen gedenkt.

Gnade

In seinem ersten Brief behauptet Petrus auch, dass die Situation der Gemeinschaften, an die er schreibt – arme und ausgegrenzte Gemeinschaften, die in der damaligen Gesellschaft nichts zählten, ja sogar verfolgt wurden –, in

Wahrheit eine »Gnade« sei. Es sei eine Gnade, Anteil haben zu dürfen am Leiden Christi, auch ohne Grund dafür gegeben zu haben. Es sei eine Gnade, Anteil haben zu dürfen am Tun Jesu, der unsere Sünden auf sich nimmt und sie besiegt. Und auch heute sind die vom Evangelium inspirierten katholischen Gemeinden deshalb vor allem gerufen, die Kraft zu erkennen, die in dem Leiden liegt, das mit Liebe angenommen wird. Dieses Leiden kann das Herz des anderen, ja sogar das Herz der Welt, verändern. Und so sind diese Gemeinschaften – mögen sie auch noch so klein und machtlos sein – in Wahrheit ein Werkzeug des Dialogs und des Friedens in einer von Unruhen zerrissenen Welt, das in einer schier endlosen Serie von Gewalt Hoffnung bringt.

Wiedergutmachung

Wenn man sich die Leiden der anderen bewusst macht und dabei ein wenig seine eigenen vergisst, kann man auch den Standpunkt des anderen besser verstehen und gemeinsam versuchen, getanes Unrecht wiedergutzumachen. Oft werden es Übel sein, die man nicht wiedergutmachen kann, zum Beispiel den Tod eines geliebten Menschen. Aber auch hier zeigt die Erfahrung, dass das einfache einander Nahsein, das Teilen eines großen gemeinsamen Leids selbst auf den schlimmsten Wunden wie Balsam ist, der Gedanken und Werke der Vergebung und des Friedens entstehen lässt. Daraus erwächst ein vertraulicher brüderlicher Dialog, der mit der Zeit und der Gnade des Geistes zu einem Dialog werden kann, der auf einer breiteren Ebene geführt wird: nicht nur auf einer kulturellen und sozialen, sondern sogar auf einer politischen.

Solidarität

Ein solcher Dialog wird Gesten der Freundschaft und des guten Willens auslösen. Das können einfache Alltagsgesten sein, wie sie viele demütige Menschen in eurer Region schon seit langer Zeit tun – zum Beispiel die, alle Menschen, ganz gleich in welcher Situation, mit Respekt zu behandeln; sie Wohlwollen und Güte spüren zu lassen. Aber es kann auch die bedingungslose Achtung der Menschenwürde sein, die selbst in Situationen großer Konfliktualität Auswege findet. Diese Achtung und Liebe dem anderen gegenüber lässt uns auch verstehen, dass das Gut des Friedens und der Versöhnung so groß ist, dass es sich für uns alle lohnt, dafür auch das ein oder andere Opfer zu bringen. Wie schon der große Papst Johannes Paul II. schrieb, »gibt es keinen Frieden ohne Gerechtigkeit«. Und deshalb ist es bei allen Dingen wichtig, dass zuerst die Rechte und Pflichten eines jeden festgelegt werden. Aber Johannes Paul II. hat auch gesagt: »Es gibt keine Gerechtigkeit ohne Vergebung.« Es kann also keine Harmonie geben, wenn man nicht auf etwas verzichtet, das einem theoretisch zusteht, es aufs Spiel setzt, um ein größeres Gut zu erlangen: das Gut der Versöhnung und des Friedens. Das lässt viele Werke der Solidarität entstehen. Werke, die in euren Regionen, im Innern der Kirchen, ja auch von Seiten der Weltkirche und der Regierungs- und Nichtregierungsinstanzen schon so zahlreich eingeleitet wurden.

Dann kann der Gesang von Bethlehem, der in diesen Tagen ertönt – Friede auf Erden den Menschen, die Gott liebt –, seine ganze Prägnanz zeigen und schon jetzt jene Früchte hervorbringen, die in Fülle ins ewige Leben zu tragen ihm bestimmt ist. Möge dieses Weihnachten das Ende und die Linderung vieler Leiden bedeuten und vielen Familien jenes »Mehr« an Hoffnung bringen, das uns an der schweren und gewagten Aufgabe festhalten lässt, in einer noch immer so verletzten und geteilten Welt den Frieden zu leben.

Auf dem
Emmausweg

Hier abgedruckt sind die Meditationen, mit denen Kardinal Martini die Mailänder Pilger begleitet hat, die im März 1984 mit ihrem Erzbischof ins Heilige Land gekommen sind. Sie knüpfen an die Erfahrungen an, die er in der einleitenden Botschaft formuliert hat, und führen zugleich darüber hinaus. Sie nehmen die Gläubigen mit an die Orte Jesu, führen sie auf seinen Spuren durch das Heilige Land und den Alltag. Die Meditationen sind das Wandeln auf den Spuren Jesu, um ihm auf diese Weise geistig – und auch praktisch – im eigenen Leben nachzufolgen. Oder, wie es Martini formuliert: »Beginnen wir also unseren Weg, der uns an die Anfänge führt, und versuchen wir mit Hilfe des Herrn einen Weg zu finden, der sowohl unserem täglichen Leben als auch unserem christlichen Wirken nützt.«

Die Initiative Gottes

Meditation in Bethlehem – Hirtenfeld

Aus Isais Stumpf aber sprosst ein Reis,
ein Schössling bricht hervor
aus seinem Wurzelstock.
Auf ihm ruht der Geist des Herrn:
der Geist der Weisheit und der Einsicht,
der Geist des Rates und der Stärke,
der Geist der Erkenntnis und der Furcht des Herrn.
Nicht richtet er nach dem Augenschein,
noch fällt er sein Urteil nach dem Hörensagen.

Sondern er richtet die Geringen in Gerechtigkeit
und spricht ein gerechtes Urteil über die Armen
des Landes.
Er schlägt den Gewalttätigen mit dem Stab
seines Mundes
und tötet den Frevler mit dem Hauch seiner Lippen.
Gerechtigkeit ist der Gurt seiner Hüften
und Treue der Schurz seiner Lenden.
Dann wohnt der Wolf bei dem Lamm
und lagert der Panther bei dem Böcklein.
Kalb und junge Löwen weiden gemeinsam,
ein kleiner Junge kann sie hüten.
Die Kuh wird sich der Bärin zugesellen
und ihre Jungen liegen beieinander;
der Löwe nährt sich wie das Rind von Stroh.
Der Säugling spielt am Schlupfloch der Otter
und in die Höhle der Natter streckt das
entwöhnte Kind seine Hand.
Sie schaden nicht und richten kein Verderben an
auf meinem ganzen heiligen Berg,
denn das Land ist voll der Erkenntnis des Herrn,
wie die Wasser das Meer bedecken.

JESAJA 11,1–10

Unterordnung unter die Obrigkeit

Jedermann ordne sich der obrigkeitlichen Gewalt unter; denn es gibt keine Gewalt, die nicht von Gott ist. Die bestehenden sind von Gott eingesetzt. Wer sich daher der Gewalt widersetzt, widersetzt sich der Anordnung Gottes; die sich aber widersetzen, ziehen sich selbst das Gericht zu. Nicht die gute Tat hat Grund, die Obrigkeit zu fürchten, sondern nur die böse. Du willst die Gewalt nicht fürchten müssen? Dann tue, was recht ist, und du wirst von ihr Lob erhalten. Denn sie ist Gottes Dienerin, dir zum Guten. Wenn du aber Böses tust, so fürchte dich; denn nicht umsonst trägt sie das Schwert. Ist sie doch Dienerin Gottes, die das Urteil an dem vollstreckt, der Böses tut. Darum ist es geboten, sich zu unterwerfen, nicht nur um des Zornes, sondern auch um des Gewissens willen. Deshalb bezahlt ihr ja auch Steuern; denn Gottes Beamte sind sie, die beharrlich dafür Sorge tragen. Gebt allen, was ihr schuldig seid: wem ihr Steuern schuldet, Steuern; wem Zoll, den Zoll; wem Furcht, die Furcht; wem Ehre, die Ehre.

Das grundlegende Gebot der Liebe

Bleibt niemand etwas schuldig, sondern liebt einander. Denn wer den anderen liebt, hat das Gesetz erfüllt. Die Gebote: Du sollst nicht ehebrechen, du sollst nicht töten, du sollst nicht stehlen, du sollst nicht begehren! und was es sonst noch an Geboten gibt, werden ja in diesem einen Wort zusammengefasst: Du sollst deinen Nächsten lieben wie dich selbst. Die Liebe fügt dem Nächsten nichts Böses zu. So ist die Liebe die Erfüllung des Gesetzes. Und das wisst ihr doch, welcher Augenblick es ist: Die Stunde ist gekommen, vom Schlaf aufzustehen. Denn jetzt ist unser Heil viel näher als damals, als wir gläubig wurden. Die Nacht ist vorgerückt, der Tag ist nahe. Lasst uns also die Werke der Finsternis ablegen und anlegen die Waffen des Lichts. Wie am Tag lasst uns ehrenhaft leben, nicht mit Schmausereien und Trinkgelagen, nicht mit Unzucht und Ausschweifung, nicht mit Streit und Eifersucht. Zieht vielmehr den Herrn Jesus Christus an und übertreibt nicht die Sorge für den Leib, dass die Begierden erwachen.

RÖMER 13,8–14

In diesem ersten Moment unserer Begegnung auf dem geistlichen Weg, den wir gemeinsam zurücklegen wollen, entrichte ich euch, liebe Pilger, meinen herzlichen Gruß.

Es ist mir eine große Freude, Seine Seligkeit, den lateinischen Patriarchen von Jerusalem, Giacomo Beltritti, begrüßen zu dürfen. Ich danke ihm, dass er so gütig war, hierher zu kommen, um uns willkommen zu heißen. Er hat an die Freundschaft erinnert, die uns verbindet: Ich bin hier, in diesem Land, ja schon fast zu Hause. Den Patriarchen kenne und schätze ich schon seit Jahren. Ich weiß, was er für die christliche Gemeinschaft in Palästina, Jordanien und auf der Insel Zypern getan hat. Orte, an denen die Christen sozusagen »an vorderster Front« mit einer extrem heiklen und schwierigen Situation konfrontiert sind, die viel Leid, viele Probleme mit sich bringt. Deshalb ist es mir ja auch ein Anliegen, dem Patriarchen zu sagen, wie sehr wir uns der Gemeinschaft verbunden fühlen, die Zeugnis ablegt für Christus in Situationen, wo sein Name Gefahr läuft, ausgelöscht, ja für immer begraben zu werden. Ihm, dem Hüter und Lehrmeister unserer Glaubensbrüder an den Orten, wo Jesus gelebt hat – Orten, die Zeugen der ersten apostolischen Verkündigung waren –, wollen wir unsere Verehrung und Zuneigung bekunden.

Beginnen wir also unseren Weg, der uns an die Anfänge führt, und versuchen wir mit Hilfe des Herrn einen Weg zu finden, der sowohl unserem täglichen Leben als auch unserem christlichen Wirken nützt. Denn wozu wäre eine Pilgerreise gut, wenn sie nur ein Moment, eine kurzes Zwischenspiel ist – und nicht ein Bezugspunkt für unsere Diözesen, unser Leben im Dienst unserer Kirche. Andererseits stürmen auf den Pilger, der zum ersten Mal ins Heilige Land kommt, so viele Eindrücke ein, dass ihn die vielen Dinge, die er hört und sieht, auch leicht verwirren können.

Und genau das ist auch mir passiert, als ich vor fünfundzwanzig Jahren zum ersten Mal hierhergekommen bin: In wenigen Tagen die dreitausend Jahre Geschichte auf mich einstürmen zu sehen, die sich auf diesem winzigen Fleckchen Erde zugetragen haben, das Zeuge der herausragendsten Momente der Menschheitsgeschichte wurde, war schlichtweg überwältigend.

Natürlich gibt es ein einfaches Heilmittel, wie man dieses Gefühl der Verwirrung und des Überwältigtseins überwinden kann: Man muss einfach so oft wie möglich nach Palästina kommen! Wichtig ist auch, dass man eine Ordnung, eine Linie, einen Bezugspunkt hat, der uns in der Vielzahl der Wege den richtigen Weg weist.

Einziger und wesentlicher Bezugspunkt ist die Initiative Gottes, die sich hier zeigt. Wir suchen nicht nach Spuren der Menschheitsgeschichte, sondern entdecken nach und nach die vielen Ausdrucksformen der unentgeltlichen Initiative Gottes, der den Menschen liebt. Das ist das Einzige, was wir hinter den Steinen, den Ereignissen, den Erinnerungen, den Personen zu finden hoffen: Gott, der sich dem Menschen gewogen zeigt und an diesen Orten – in Personen und Situationen – die Fülle seines Interesses am Menschen zum Ausdruck bringen wollte. Das ist das Einzige, auf das wir hören wollen: die Initiative, die Ansprache Gottes, die sich gezeigt hat, die sich im Leben eines jeden Menschen und in der Welt zeigt und auch weiter zeigen wird.

Und die Initiative Gottes hat ein Zentrum, einen Mittelpunkt: den Kalvarienberg und die Auferstehungsbasilika. Alles, was wir auf dieser Pilgerreise tun, dreht sich um das Kreuz und die Auferstehung. Alles ist Vorbereitung auf dieses Ereignis und Folge davon.

Aufgrund unserer besonderen Inspiration und Verbundenheit mit den Traditionen der Mailänder Kirche fügen wir zu diesem Schwerpunkt – Kreuz und Auferstehung – noch Emmaus hinzu: den Ort, an dem die Auferstehung Jesu im täglichen Leben deutlich wird.

Der von mir so abgesteckte Weg nimmt hier, beim Hirtenfeld, seinen Ausgang. Lasst uns in diesem Moment die Erwartung leben: die Erwartung der Hirten, das Warten der Menschheit auf die Geburt Jesu, die wir später in der Geburtsgrotte feiern werden.

Was sagt uns diese Erwartung? Sie vereint uns mit der Welt, die immer noch die volle Offenbarung Christi erwartet, und sie vereint uns mit unserer Erwartung. Im Anschluss an die Bibellesungen, die wir eben gehört haben, lade ich euch ein, darüber nachzudenken, welche Erwartungen ihr in eurem Leben habt. Worauf warten wir? Der Jesaja-Text (40,1–5) erzählt vom »Trost« des Herrn. Was erwarte ich mir in meinem Leben von der Kraft des Herrn, der kommt? Welchen Trost, welche innere Fülle, welche Flucht vor Enttäuschungen, welche Versöhnung und welche »Atempause« erbitte ich für mein Leben?

Jeder sollte der Kraft seiner Wünsche freien Lauf lassen: Herr, was wünsche ich für mich, was erwarte ich mir von der Kraft Deines Kommens? Was erwarte ich mir von der Herrlichkeit

Deines Namens, die jeder Mensch zu sehen gerufen ist?

Jeder sollte der Kraft seiner Wünsche für unsere Gemeinschaft freien Lauf lassen: Was wünschen wir, was erwarten wir für unsere Gemeinschaft, für unsere Familie, für die Menschen, mit denen wir für unsere christliche Gemeinschaft, unsere Diözesangemeinschaft leben, für die Gemeinschaft der Menschen, die sich nach Frieden sehnt? Wir alle, ein jeder von uns und wir alle als Gemeinschaft, tragen ganze Vulkane von Wünschen und Erwartungen in uns! Oft beachten wir sie nicht, weil sie zu groß sind, weil sie uns Angst machen. In Wahrheit aber ist kein Wunsch zu groß im Vergleich zur unendlichen Kraft Gottes, der kommt und das Herz des Menschen erfüllt. Und wenn wir wirklich den Herrn, der kommt, feiern wollen, dann müssen wir ihn mit der vollkommenen Offenheit der Wünsche feiern. Wir können sagen:

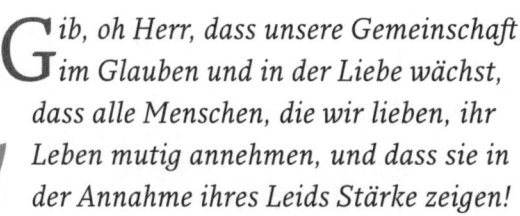

Gib, oh Herr, dass unsere Gemeinschaft im Glauben und in der Liebe wächst, dass alle Menschen, die wir lieben, ihr Leben mutig annehmen, und dass sie in der Annahme ihres Leids Stärke zeigen!

Herr, gib, dass die Menschen, die dem Glauben fernstehen, diesen wiederfinden; dass unsere Gemeinschaften ihre Spannungen, ihre Verschiedenheit bei der gemeinsamen Suche nach Deinem Reich überwinden mögen!

Gib, oh Herr, dass all jenen, die leiden, weil sie keine Arbeit und – in ihrer schweren finanziellen Lage – auch keine Perspektive haben, die Freude zuteil wird, die Kraft Deiner Gegenwart in ihrer Mitte zu spüren, die allein uns Ruhe und Frieden wiederzugeben vermag!

Gib, oh Herr, dass die internationalen Gemeinschaften untereinander und an den Orten dieses Landes, nahe dieses Landes, miteinander im Frieden sind, dass die Menschen, die nicht weit von uns wegen des Krieges sterben, Deine Barmherzigkeit finden mögen!

Viele Gebetsanliegen steigen hier aus unserem Herzen auf. Sie sind die Fülle aller Anliegen der Menschheit und wir wollen nun die Stimme der Menschheit sein: die Stimme der Hirten in Erwartung, wohl wissend, dass Gott unsere Erwartung nicht nur erfüllt, sondern sogar noch übertrifft. Zugleich wissen wir, dass uns der Herr bittet, unser Herz so weit zu machen, wie es nur geht. Denn dem, der glaubt, ist nichts unmöglich. Und wenn wir Glauben haben so groß wie ein Senfkorn, dann können wir einen dieser Berge aus dem Boden heben und ins Meer verpflanzen. Und wie viele Berge hier müssen die Härte des Krieges abstreifen und sie im Wasser und der Flüssigkeit des Friedens auflösen!

Lasst uns also diesen Moment der Erwartung als Moment der Wünsche leben. Vertrauen wir der Königin aller Wünsche, Maria, die ihren Sohn in Bethlehem erwartet, die Begrenztheit unserer tiefsten Wünsche an. Lassen wir zu, dass die Kraft des Heiligen Geistes über das Feuer unserer Wünsche weht und einen Brand entfacht, der so gewaltig ist wie das Universum!

Fürchten wir uns nicht, in den halberloschenen Kamin unseres Heimes das Feuer des Heiligen Geistes eintreten zu lassen, das die Glut des Verlangens so sehr entfacht, dass sich der Himmel unserer Vergänglichkeit und unserer Erwartung erbarmt! Eines unserer vielen Verlangen ist sicher der Wunsch, dass sich die Charismen des gottgeweihten Lebens in unserer Diözesangemeinschaft mehren und viele Berufungen zum Priester- und Ordensleben hervorbringen mögen, die die Form ständiger Hingabe haben. Bieten wir auch diese Bitte um den Trost des Herrn für die Berufungen und vor allem für die jungen Priester an, die Priester des Heiligen Jahres, damit sie die Kraft und die innere Disziplin haben, sich frohgemut auf den Weg zu machen.

Gib, oh Herr, dass jeder Mann, jede Frau dieser Welt einen Winkel im Zimmer ihrer Wünsche finden mag, den wir Dir anbieten möchten!

Tröstet, tröstet mein Volk!
spricht euer Gott.
Redet Jerusalem zu Herzen
und ruft ihm zu:
Zu Ende ist seine Knechtschaft,
gesühnt ist seine Schuld.
Eine doppelte Strafe hat es empfangen
aus der Hand des Herrn
für alle seine Sünden.
Eine Stimme ruft:
Bahnt in der Wüste eine Straße für den Herrn,
macht in der Steppe einen ebenen Weg für unse-
ren Gott!
Jedes Tal soll aufgefüllt,
jeder Berg und Hügel abgetragen werden;
was krumm ist, soll gerade,
was zerklüftet ist, zu einem Talgrund werden.
Dann wird die Herrlichkeit des Herrn offenbar
und schauen soll ihn alles Fleisch.
Denn der Mund des Herrn hat gesprochen.

JESAJA 40,1–5

Das Geschenk annehmen

Das Volk, das im Finstern wandelt,
schaut ein großes Licht;
über denen, die im Land der Dunkelheit wohnen,
erstrahlt ein Licht.
Du machst groß ihren Jubel
und gewaltig ihre Freude.
Sie freuen sich vor dir,
wie man sich in der Ernte freut,
wie man frohlockt beim Teilen der Beute.

Denn sein drückendes Joch, die Stange auf seinem Nacken,
den Stock seines Bedrückers zerbrichst du wie am Tag von Midian.

JESAJA 9,1–3; 5–6

Grundlage dieser Mahnungen

Denn die Gnade Gottes ist erschienen als Heil für alle Menschen. Sie leitet uns dazu an, uns von der Gottlosigkeit und den weltlichen Begierden loszusagen und besonnen, gerecht und fromm in dieser Welt zu leben, in der Erwartung der seligen Hoffnung und der Offenbarung der Herrlichkeit des großen Gottes und unseres Retters Christus Jesus; er hat sich selbst für uns hingegeben, um uns loszukaufen aus aller Gesetzlosigkeit und sich ein reines Volk zu schaffen, das ihm gehört und in guten Werken wetteifert. So rede, ermahne und weise zurecht mit allem Nachdruck! Niemand soll dich verachten.

TITUS 2,11–14

Diese Kirche erinnert mich an die vielen Christmetten, die wir mit dem lateinischen Patriarchen in der Heiligen Nacht gefeiert haben; an die vielen Weihnachtsfeste hier, die mir besonders in Erinnerung geblieben sind. Da es unmöglich war, in die Kirche hineinzukommen und dort die Heilige Messe zu feiern, habe ich mich zu Fuß nach Jerusalem aufgemacht ... und auf dem Weg durch die sternklare Nacht unter dem Sternenzelt über die Geheimnisse des Herrn meditiert!

Zu all diesen wunderschönen Erinnerungen der Vergangenheit kommt nun noch ein Erlebnis hinzu, das für uns alle sicher der Höhepunkt ist: die Feier der Geburt Jesu mit einer so großen Zahl von Pilgern! Mein herzlicher Gruß geht an die ambrosianischen Ordensschwestern, die schon seit vielen Jahren im Heiligen Land sind. Sie wollten sich uns anschließen, um an ihre Herkunft zu erinnern, den Ort ihrer christlichen Bildung und ihrer Einführung in den Glauben.

Welche Bedeutung kann es heute für uns haben, dass wir hier die Geburt Jesu feiern? Welche Bedeutung kann es für unsere Situation, für die Kirche und für die Gesellschaft haben?

Mir scheint, dass es – ausgehend von den liturgischen Lesungen und den Gesten, mit denen wir die Eucharistie begleiten und ausklingen lassen (der Prozession zu den Orten der Geburt Jesu) – eine Haltung gibt, die uns als heutige Haltung für unsere Kirche an diesem Ort aufgezeigt, ja empfohlen wird. Ich meine die Haltung Mariens, die das Geschenk empfängt: Jesus. Die Fähigkeit also, das Geschenk anzunehmen, das Gott selbst uns macht und das nicht das Werk unserer Hände ist, sondern eine Initiative, die der Gott, der die Liebe ist, in unsere Hände legt.

Wir kommen aus einer Zivilisation, einer Kultur, die ganz anders ist als die, die uns umgibt. Auch wenn wir die Präsenz von Fermenten aus dem Westen bemerken, können wir hie und da doch auch die Überreste der östlichen Kultur wahrnehmen, die von der unsrigen weit entfernt ist. Unsere Zivilisation ist ganz auf das konzentriert, was die Hände des Menschen zustande bringen, was der Mensch planen und tun kann – für die Gegenwart genauso wie für die Zukunft. Die westliche Kultur und Zivilisation will das konkrete Objekt ihres Tuns, das Produkt ihres Fleißes und ihrer Kunstfertigkeit sehen können, deutlich vor Augen haben.

Aber man hat uns auch beigebracht, dass unser Tun und Schaffen einen Sinn haben muss, eine Bedeutung für das Leben der Menschen, damit es nicht zu einer leeren Anhäufung von Dingen wird, die sich immer mehr aufstauen und eine Krise nach der anderen auslösen. Man hat uns beigebracht, dass das, was wir produzieren, ursprünglich nicht uns gehört, sondern Frucht der Ausübung der Talente und Gaben ist, die wir erhalten haben. Am Ursprung von allem steht eine Gabe, das vollkommenste, höchste Geschenk von allen: das Jesuskind, das als Geschenk für den Menschen gekommen ist. Der Mensch nimmt es in die Arme, so wie mir am Eingang der Kirche die Jesuskind-Figur als Geschenk, das Gott in unsere Hand gegeben hat, in die Arme gelegt wurde.

In diesem Moment sind wir gerufen, die Haltung der Annahme der Gabe zu erneuern und neu zum Ausdruck zu bringen: die Haltung des Gehorsams und Hörens auf den, der sich zum Geschenk macht. Es ist die Haltung der kontemplativen Dimension, die uns in aller Stille auf das hören lässt, was Gott – in uns und durch uns – sagt und tut. Es ist die Haltung, die das Wort an den Anfang stellt und Gott die Initiative des Geschenks und des Plans überlässt, in dessen Dienst wir uns unermüdlich stellen müssen. Es ist die Haltung der Eucharistie, die zum Zentrum wird, das alles um sich schart. Die Haltung, die zulässt, dass uns die Eucharistie als Gemeinschaft formt, nach jener Form der Liebe und Gabe Christi, der sich der Welt zum Geschenk macht. Es ist also im Grunde der pastorale Weg der Jahre, die zum Eucharistischen Kongress[1] führten,

---

1   Gemeint ist hier der 20. Nationale Eucharistische Kongress in Mailand (13.-22. Mai 1983) zum Thema »Die Eucharistie, Zentrum der Gemeinschaft.«

den wir hier gewissermaßen zusammenfassen, wieder aufgreifen wollen, um uns im Glauben bereit zu zeigen für das Wort Gottes, das sich einem jeden von uns zum Geschenk macht.

Welche konkrete Bedeutung hat das alles für unser Dasein? Auf welche Weise ändert es unser Leben? Antworten hierauf gäbe es viele, und es könnten auch zahlreiche Beispiele angeführt werden. Das Wichtige hier ist, dass wir folgende grundlegende Realität verinnerlichen, und zwar nicht nur mit dem Kopf und dem Verstand: Gott liebt uns zuerst. Er ist es, der immer die Initiative ergreift. Die Initiative Gottes ist eine Gabe, Jesus ist der Ursprung, der Anfang, das Vorbild all dessen, was wir als Einzelne, als Kirche sind.

Oh Herr, wir wollen in Jesus, der sich zum Kind gemacht hat, Deinen besonderen Vorrang erkennen! Nicht wir sind es, die wirken, sprechen, tun: Du bist es, der zu uns spricht, Du bist es, der in uns eindringt, Du bist es, der uns als Gabe formt; und alles, was wir sagen, denken, tun, planen können, hat einen notwendigen ursprünglichen, wesentlichen Bezug: Deine Person, Deine Gegenwart, Dein Wort und Dein Leben.

Oh Herr, lass uns diese Wahrheit erfahren! Wir wollen ihr nicht zustimmen wie einer einfachen Erkenntnis. Wir flehen Dich an: Präge sie ein in unser Herz wie Leben, so wie Du im Schoß Mariens Leben und Fleisch angenommen hast, wie Du Leben und sichtbares Fleisch angenommen hast in der Krippe, damit Dich die Hirten erkennen und anbeten können.

Erfülle, oh Herr Jesus, unser Dasein! Gib,
dass nichts in uns Dir widersteht, sich Dir
widersetzt! Gib, dass unser Tun, als Einzel-
ne, als Verantwortliche für eine Familie, für
einen Job, eine Gemeinschaft, die Gesell-
schaft, durch die Erfahrung der Begegnung
mit Dir verwandelt wird! Manchmal kann
man meinen, dass den Verantwortlichen
der Gesellschaft immense, ja fast schon
unerträgliche Lasten aufgebürdet wer-
den, weil unsere Gesellschaft so unendlich
viele Bedürfnisse, Ängste, Schmerzen und
Tränen hat. Deshalb, oh Herr, wollen wir
uns erfreuen an Deiner Gabe, die alles
erneuert, die unser Herz erneuert, indem
sie es empfänglich, pulsierend, fähig macht,
die Last der Realität anzunehmen, sie mit
Heiterkeit und Freude zu tragen!

Oh Maria, Mutter Jesu und unsere Mutter,
öffne unser Herz, damit wir diesen Weg
gehen können!

Die Geburt Jesu

In jenen Tagen erging ein Erlass des Kaisers Augustus, den ganzen Erdkreis (in Steuerlisten) einzutragen. Diese Aufzeichnung war die erste und geschah, als Quirinius Statthalter von Syrien war. Alle gingen hin, sich eintragen zu lassen, ein jeder in seine Stadt. Auch Josef zog von der Stadt Nazaret in Galiläa hinauf nach Judäa in die Stadt Davids, die Betlehem heißt. Denn er war aus dem Haus und Geschlecht Davids. Er wollte sich mit Maria eintragen lassen, seiner Frau, die schwanger war. Während sie dort waren, kam für Maria die Zeit ihrer Niederkunft, und sie gebar ihren Sohn, den Erstgeborenen, wickelte ihn in Windeln und legte ihn in eine Krippe, weil in der Herberge für sie kein Platz war.

In derselben Gegend waren Hirten auf dem Feld, die bei ihrer Herde Nachtwache hielten. Da trat der Engel des Herrn zu ihnen, und die Herrlichkeit des Herrn umstrahlte sie, und sie fürchteten sich sehr. Der Engel aber sagte zu ihnen: Fürchtet euch nicht! Denn ich verkünde euch eine große Freude, die dem ganzen Volk zuteil werden soll. Heute ist euch in der Stadt Davids der Retter geboren, nämlich der Messias, der Herr. Und dies soll euch das Zeichen sein: Ihr werdet ein Kind finden, in Windeln gewickelt und in einer Krippe liegend. Und plötzlich war bei dem Engel eine Menge himmlischer Heerscharen, die Gott lobten und sprachen: Herrlichkeit in den Höhen für Gott und auf der Erde Friede den Menschen seines Wohlgefallens!

LUKAS 2,1–14

In der Wüste Juda

Seht, mit Streit und Hader fastet ihr
und schlagt doch drein mit frevelhafter Faust.
Euer jetziges Fasten ist nicht so,
dass es euerem Rufen in der Höhe Gehör
verschaffen kann.
Ist das ein Fasten, wie ich es liebe,
ein Tag, an dem man sich kasteit?
Dass man seinen Kopf wie eine Binse hängen
lässt und sich in Sack und Asche bettet?
Das nennst du ein Fasten,
einen Tag, der dem Herrn gefällt?

Ist nicht dies ein Fasten, wie ich es liebe:
Ungerechte Fesseln öffnen
und des Joches Stricke lösen,
die Bedrückten frei entlassen
und jegliches Joch zerbrechen,
dein Brot dem Hungrigen brechen
und arme Obdachlose aufnehmen in dein Haus,
den Nackten, den du siehst, bekleiden
und dich deinen Mitmenschen nicht entziehen?
Dann bricht wie Morgenröte dein Licht hervor
und deine Heilung schreitet schnell voran.
Deine Gerechtigkeit geht dann vor dir her
und die Herrlichkeit des Herrn wird deine
Nachhut bilden.
Wenn du dann rufst, wird der Herr dir
antworten; wenn du um Hilfe schreist,
wird er sagen: Siehe, hier bin ich!
Wenn du aus deiner Mitte entfernst
Bedrückung, Fingerzeigen und Unheilsrede,
wenn du Hungrigen dein Brot reichst
und den Gebeugten sättigst,
dann wird im Dunkel dein Licht erstrahlen
und deine Finsternis wird zur Mittagshelle.

JESAJA 58,4–10

Danach wurde Jesus vom Geist in die Wüste geführt, um vom Teufel versucht zu werden. Nachdem er vierzig Tage und vierzig Nächte gefastet hatte, bekam er Hunger. Da trat der Versucher an ihn heran und sagte: Wenn du Gottes Sohn bist, so befiehl, dass diese Steine Brot werden. Er antwortete: Es steht geschrieben: Nicht vom Brot allein lebt der Mensch, sondern von jedem Wort, das aus dem Mund Gottes kommt. Darauf nahm ihn der Teufel mit in die Heilige Stadt, stellte ihn auf die Zinne des Tempels und sagte zu ihm: Wenn du Gottes Sohn bist, so stürze dich hinab. Denn es steht geschrieben: Seinen Engeln wird er deinetwegen Befehl geben und sie werden dich auf Händen tragen, damit dein Fuß nicht an einen Stein stößt. Jesus antwortete ihm: Es steht auch geschrieben: Du sollst den Herrn, deinen Gott, nicht versuchen. Wieder nahm ihn der Teufel mit auf einen sehr hohen Berg; er zeigte ihm alle Reiche der Welt und ihre Herrlichkeit und sagte zu ihm: Das alles will ich dir geben, wenn du niederfällst und mich anbetest. Da sagte Jesus zu ihm: Hinweg, Satan! Denn es steht geschrieben: Den Herrn, deinen Gott, sollst du anbeten und ihm *allein dienen. Da verließ ihn der Teufel und Engel traten hinzu und dienten ihm.*

MATTHÄUS 4,1–11

Die christliche Orthopraxis

Das christliche Leben ist ein Weg, der durch unsere Durchquerung der Wüste symbolisiert werden soll. Es ist aber nicht irgendein Weg: Es ist der richtige Weg, der Weg, der dem Stil entspricht, in dem Jesus seinen Weg gegangen ist.

Der Jesaja-Text, den wir gerade gehört haben (58,4–10) und der vom wahren Fasten sprach, lässt uns ahnen, welcher der richtige Weg ist, die wahre christliche Orthopraxis: Wir müssen uns für jene interessieren, die leiden, uns in den Dienst des Nächsten stellen, der Not erfährt. Wenn wir so unseren Weg gehen, können wir sicher sein, dass uns die Gerechtigkeit vorausgeht, uns die Herrlichkeit des Herrn folgt.

So können wir also auf dem ersten Teil des Weges über unser christliches Leben nachdenken. Uns fragen, ob wir auf dem richtigen Weg sind: dem Weg, der uns den anderen gegenüber verpflichtet. Wir können uns auch fragen, ob der Weg unserer Gemeinschaften der richtige, der rechte ist. Ob er auch wirklich in der Wahrheit gelebt wird. Ob es stimmt, dass das Licht in der Dunkelheit scheint und die Finsternis erhellt wird von der Mittagssonne, die die Felsen in der Wüste sprengt. Die Reflexion kann zur Frage an den Herrn werden, und deshalb bitten wir die Muttergottes, uns den Weg zu weisen und mit uns zu gehen.

Die christliche Orthodoxie

Wir sind ein Stück des Weges gegangen und können nun beginnen, die Wüste als einen Ort zu verstehen, an dem der Mensch mit den wesentlichen Dingen konfrontiert wird und von den provisorischen Dingen abkommt, von denen sein Leben erfüllt war. Er wird mit Versuchungen konfrontiert, mit der Wahrheit über sich selbst und dem Bösen. Er wird mit dem

Geheimnis Gottes konfrontiert. Versuchen wir also, uns auf unserem Weg vorzustellen, wie Jesus ihn in dem Moment gegangen ist, als er sich dem Berg der Versuchung näherte: mit welcher Furcht und Sorge, mit welchem Leid Jesus der vollen Enthüllung des Geheimnisses seines Lebens entgegengegangen ist. Versuchen wir uns aber vor allem vorzustellen, wie Jesus diesen Weg gegangen ist, als er ihn nach Jerusalem führte, also der größten und letzten Versuchung entgegen, der des Kreuzes und des Todes, wo sich das Geheimnis seines Lebens vollkommen enthüllen sollte.

Bei der ersten Rast, bei unserer Meditation über Jesaja, konnten wir die christliche Orthopraxis erkennen, also die rechte Weise, unseren Weg zu gehen als Menschen, die anderen gegenüber aufmerksam sind. An diesem Punkt verweist uns die Lesung aus dem Evangelium (Mt 4,1–11) auf die Wurzel der Orthopraxis. Die Wurzel jeder Art und Weise, anderen zu helfen, für sie da zu sein, einander zu helfen, den Armen zu dienen, ist Orthopraxis: rechtes Gottempfinden;

die klare Erkenntnis, dass Gott Gott ist; die klare Erkenntnis, dass nur Gott allein gedient werden muss. In der Wüste kann Jesus die Fülle dieser Orthopraxis zum Ausdruck bringen, die Fülle dieser Wahrheit, die der Mensch Gott und auch den Weg betreffend erkennt. Es stimmt, dass Jesus auf diesem Weg der Wüste auch dem Verwundeten begegnet; den unrechten Weisen, diesen Weg zu gehen, der durch jene Menschen zum Ausdruck kommt, die ihm nicht geholfen haben; und dem rechten Weg des barmherzigen Samariters, der nicht vorbeigegangen ist.

Doch Jesus sagt uns noch mehr: er sagt uns, dass wir Menschen, damit unser Handeln dem rechten Weg entspricht, das rechte Gottesverständnis erlangen müssen. Orthopraxis und Orthodoxie bilden eine Einheit; die eine ist ohne die andere nicht vorstellbar: Es ist die wahre Offenbarung des wahren Gottes; das, was Gott uns von sich erkennen lässt.

Die Wüste ist also der Ort, an dem der Mensch durch Versuchungen und Prüfungen gerufen ist, das wahre Gottesverständnis zu erlangen. Als pilgernde Kirche, als Kirche, die in der Geschichte, in unserer Kultur und unserer Zivilisation voranschreitet, sind wir oft mit diesen Versuchungen konfrontiert. Ja, manchmal erleben wir wirklich ein Stück Wüste: wenn wir auf einen Unbekannten zugehen, der unseren Gruß, unseren Blick nicht erwidert. Dann erleben auch wir diese Prüfungen.

Bitten wir den Herrn, dass er uns die Fülle der Erkenntnis Gottes gebe. Bitten wir, ihn erkennen zu dürfen als Wurzel jeder wahren Kenntnis der menschlichen Wege.

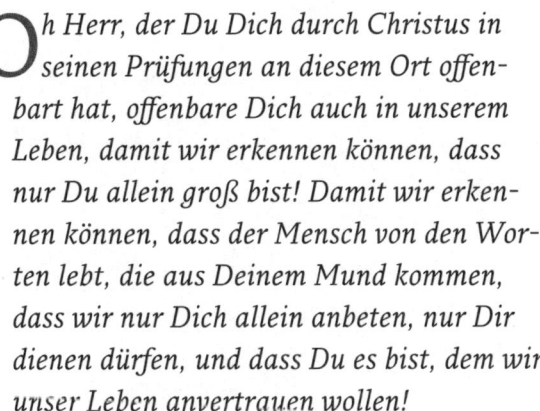

Oh Herr, der Du Dich durch Christus in seinen Prüfungen an diesem Ort offenbart hat, offenbare Dich auch in unserem Leben, damit wir erkennen können, dass nur Du allein groß bist! Damit wir erkennen können, dass der Mensch von den Worten lebt, die aus Deinem Mund kommen, dass wir nur Dich allein anbeten, nur Dir dienen dürfen, und dass Du es bist, dem wir unser Leben anvertrauen wollen!

Das Antlitz Gottes schauen

Als Mose vom Berg Sinai herabstieg – die Tafeln
der Bundesurkunde waren in der Hand des Mose,
als er herabstieg –, da wusste Mose nicht, dass
die Haut seines Gesichts von der Unterredung
mit dem Herrn strahlte. Als Aaron und alle Israe-
liten Mose erblickten und sahen, dass sein Ange-
sicht strahlte, fürchteten sie sich, ihm zu nahen.
Mose aber rief sie herbei. Da gingen Aaron und
alle Vorsteher der Gemeinde zu ihm hin und Mose
redete mit ihnen. Nun kamen auch alle Israeliten

herbei und er teilte ihnen alles mit, was der Herr
zu ihm auf dem Berg Sinai geredet hatte. Nach-
dem Mose seine Unterredung mit ihnen beendet
hatte, legte er eine Hülle über sein Gesicht. Sooft
nun Mose vor dem Herrn hintrat, um mit ihm zu
reden, nahm er die Hülle ab, bis er wieder her-
ausging. Wenn er herausgegangen war, teilte er
den Israeliten mit, was ihm aufgetragen worden
war. Dabei sahen die Israeliten das Gesicht des
Mose, wie es strahlte. Dann aber legte Mose die
Hülle über sein Gesicht, bis er wieder hinging,
um mit ihm zu reden.

EXODUS 34,28–35

An Ende unseres Weges durch die Wüste werden wohl viele von euch einen strahlenden
Teint bekommen haben. Die Sonne brennt hier
ja wirklich gnadenlos vom Himmel! Und dieses
Strahlen ist das Sinnbild der Kontemplation,
also dessen, der, indem er das Antlitz Gottes
schaut, der die Sonne ist, diesen instinktiv aus-
strahlt.

Wir sind von Jesaja ausgegangen, haben an das Gleichnis vom barmherzigen Samariter erinnert. Und wir haben gesagt, dass die Wurzel der christlichen Orthopraxis das rechte Gottesverständnis ist, die Orthodoxie. Wie aber können wir diese Wurzel in uns sichtbar werden lassen? Durch Kontemplation. Und die Wüste ist genau der richtige Ort dafür.

Meiner Meinung nach ist es in der Gesellschaft, in der wir leben, so gut wie unmöglich, eine christliche Erfahrung zu machen, ohne dass man – ein jeder auf seine Weise – eine kontemplative Tiefe erreicht. Die Wüste ist also der Ausdruck dessen, was wir in unserem täglichen Leben tun wollen: Wir wollen Momente, Ruhepausen der Wüste suchen, um nicht in vollkommener Einsamkeit zu leben, sondern im Hören, im Dialog mit Gott allein, damit wir von ihm ausgestrahlt werden. Wenn die Schau des Antlitzes Gottes unser Gesicht strahlen lässt, dann fällt das den Leuten auf: Wenn wir eine gewisse kontemplative Erfahrung machen, auch ohne es zu wollen, dann strahlen wir Gott auf unsere Umgebung aus. Und genau das ist eines der wenigen Zeichen der Präsenz Gottes in der heutigen Welt – einer Welt, in der sicher ein großer Bedarf an Zeichen Gottes, an Heiligem besteht. Die Präsenz Gottes zeigt sich durch jene Männer und Frauen, die sie auf dem Berg der Kontemplation in der Wüste verwurzelt haben.

Bitten wir also darum, dass es auch uns gegeben sei, so zu leben, weil es die einzige Art und Weise ist, der Versuchung des Atheismus in unserer Gesellschaft oder der Versuchung des Götzendienstes zu widerstehen.

Bitten wir darum für uns, für die gesamte Diözese, für jene, die sich von Tausend Dingen vereinnahmen lassen und Gefahr laufen, der strahlenden Schau des Antlitzes Gottes nicht genug Raum zu geben.

Am Ende des Weges

Menschensohn, verkünde Jerusalem seine Gräuel und sage: So spricht Gott, der Herr, zu Jerusalem: Deiner Herkunft und deiner Abstammung nach bist du aus dem Land der Kanaaniter; dein Vater war ein Amoriter und deine Mutter eine Hetiterin. Was deine Geburt betrifft, so wurde, als du geboren warst, deine Nabelschnur nicht abgeschnitten, du wurdest nicht mit Wasser gewaschen zur Reinigung, nicht mit Salz eingerieben und nicht in Windeln gewickelt. Kein Auge ruhte mitleidig auf dir, um etwas von alledem an dir zu tun und Erbarmen zu üben, sondern du wurdest am Tag deiner Geburt auf freiem Feld ausgesetzt, weil man dich verabscheute. Da ging ich an dir vorüber und sah dich in deinem Blut zappeln und sprach zu dir in deinem Blut: Bleib Blume des Feldes! Und du wuchsest heran und wurdest groß und kamst in die Zeit der Reife, deine Brüste entwickelten sich, dein Haar spross, aber du warst noch nackt und bloß. Da ging ich an dir vorüber und sah dich; und siehe, die Zeit der Liebe war für dich gekommen. Ich breitete den Saum meines Gewandzipfels über dich und deckte deine Blöße zu. Ich band mich durch einen Schwur an dich und schloss einen Bund mit dir – Spruch Gottes, des Herrn – und du wurdest mein. Dann wusch ich dich mit Wasser, spülte dein Blut von dir weg und salbte dich mit Öl. Ich kleidete dich in bunte Gewänder, legte dir Schuhe an von weichem Leder, umwand dich mit Leinen und hüllte dich in Seide. Ich zierte dich mit kostbarem Schmuck, legte dir Spangen an die Arme und eine Kette um den Hals, tat einen Ring an deine Nase, Gehänge an deine Ohren und eine herrliche Krone auf dein

Haupt. So warst du geschmückt mit Gold und
Silber, dein Gewand war aus Leinen und Seide
und bunten Stoffen. Feinmehl, Honig und Öl war
deine Speise, du warst über die Maßen schön,
bereit, eine Königin zu sein. Dein Ruhm drang zu
den Völkern wegen deiner Schönheit; denn sie war
vollkommen durch die Pracht, mit der ich dich
ausgestattet hatte – Spruch Gottes, des Herrn.

EZECHIEL 16,2–14

Wir befinden uns am äußersten Rand der Wüste. Noch ein paar Meter, dann wird die Oase vor uns liegen, die das Ziel des Weges bezeichnet, den Übergang vom Nicht-Leben zum Leben, von der Dürre zur Fruchtbarkeit.

Alles, was Israel getan hat und was wir auf unserem Weg durch die Wüste heute tun – den Versuchungen widerstehen; den einzigen Gott als den Herrn erkennen; dem Nächsten am Straßenrand zur Hilfe eilen und die Tiefe der Kontemplation suchen, all das muss in die Fülle der Oase oder des Lebens münden, die, biblisch gesprochen, auch die Fülle des messianischen Trostes oder Friedens ist; die Fülle der Güter, der wiedergefundenen Brüderlichkeit in der Fülle der Gaben Gottes und des Menschen. Alles muss ins himmlische Jerusalem münden, das das Ziel des Weges ist, Bezugspunkt des Lebens der Kirche, Bezugspunkt der Menschheit selbst, die der Fülle des messianischen Friedens entgegengeht: dem Ziel, das in der Wüste des Lebens mit dem Bild der Oase in der Dürre der Wüste verglichen werden kann.

Was ist also das Wichtigste? Es ist gewiss richtig, den messianischen Frieden, den Trost und die Fülle der Gaben Gottes so gut wir können zu genießen. Dinge, die einer brüderlichen Gemeinschaft entwachsen oder der Vorwegnahme des Besitzes Gottes durch den Geschmack am Gebet oder eine gut organisierte Gemeinschaft, die uns Trost spendet. Am Wichtigsten ist es aber, einen klaren Bezugspunkt zu haben, zu wissen, wohin wir gehen; zu wissen, dass es die Oase gibt und dass wir ihr entgegen streben. Zu wissen also, was der richtige und was der falsche Weg ist. Zu wissen, dass die Schritte, die uns diesem Weg näherkommen lassen, richtig sind, wie mühsam der Weg auch immer sein mag.

Bitten wir für jeden von uns und für unsere ganze Kirche, dass wir uns nie von allzu unmittelbaren Problemen ablenken, ermüden oder aufhalten lassen, sondern unseren Blick stets auf das Ziel richten, auf jene Liebesbeziehung der Menschheit zu Gott, die das Ziel des Weges ist und jedem Weg der Menschen erst einen Sinn gibt.

Bitten wir die Muttergottes, die das Bild dieses Weg-Endes ist, Sinnbild für das Ziel der Kirche, uns die Gewissheit dieses Ziels zu geben; die Muttergottes, die die Fülle Israels bereits in ihrem Beginn, ihrem Keim, in der Realität Jesu empfängt, die sich in der Geschichte vollkommen offenbaren muss. Bitten wir die Muttergottes, dass all unsere Handlungen oder Entscheidungen auf dieses Ziel hinführen. Dann werden alle Entscheidungen – wenn sie auch noch so mühsam sind – wahr und gut sein. Bitten wir die Muttergottes, die diese vollkommenen Entscheidungen getroffen hat, uns am Endes des Weges vor allem dort zu helfen, wo er gewunden oder verworren ist, wie wir das hier in der Wüste schon oft erlebt haben. Wenn unser Weg nicht schon vorgezeichnet gewesen wäre, würden wir wohl immer noch von Hügel zu Hügel irren!

Oh Maria, Königin und Mutter der Barmherzigkeit, lass uns auf dem Weg unseres Lebens nie allein, damit wir dorthin gelangen, wo Du bist: in das Reich des Lichts und der Herrlichkeit Gottes!

Der Besuch bei Jesus

*Dann kam er nach Jericho und zog hindurch.
Dort lebte ein Mann mit Namen Zachäus, der
war oberster Zöllner und reich. Er wollte gern
sehen, wer Jesus sei, konnte es aber nicht wegen
der Volksmenge; denn er war klein von Gestalt.
Da lief er voraus und stieg auf einen Maulbeer-
feigenbaum, um ihn zu sehen; denn da musste er
vorüberkommen. Als nun Jesus an die Stelle kam,
schaute er hinauf und sagte zu ihm: Zachäus,*

steig schnell herunter, denn heute muss ich in deinem Haus bleiben. Schnell stieg er herunter und nahm ihn mit Freuden auf. Alle, die das sahen, empörten sich und sagten: Bei einem Sünder ist er eingekehrt, um zu wohnen! Zachäus aber wandte sich an den Herrn und sagte zu ihm: Herr, die Hälfte meines Vermögens gebe ich den Armen und wenn ich etwas zu Unrecht von jemand gefordert habe, gebe ich es vierfach zurück. Jesus sagte zu ihm: Heute ist diesem Haus Heil widerfahren, weil auch dieser Mann ein Sohn Abrahams ist. Denn der Menschensohn ist gekommen, um zu suchen und zu retten, was verloren war.

LUKAS 19,1–10

Denken wir kurz über die Bedeutung nach, die Jericho für das spirituelle Leben Jesu hat. Wie wir wissen, hat Jesus den Großteil seines Lebens in Galiläa verbracht, in der Nähe des Sees, und dann in Jerusalem.

Dennoch ist Jericho das, was wir – in unsere Sprache übersetzt – den Ort seines geistigen Reifungsprozesses nennen könnten; den Ort, an dem Jesus die wesentlichen Momente seines inneren Lebens erlebt hat und wo die Weichen seines Lebens definitiv, permanent gestellt wurden. Jesus hat das, was für uns die Gewissheit, die Entscheidung für die Berufung ist, in Jericho und um Jericho erlebt, in den beiden grundlegenden Erfahrungen seines Erdendaseins. Diese beiden Erfahrungen sind einerseits das Gebet, das Fasten und die 40 Tage, in denen er in der Wüste vom Satan in Versuchung geführt wurde, und andererseits die Taufe und die Erfahrung des Geistes. Es sind zwei Momente, die das definitiv Gestalt annehmen lassen, was Jesus sein wird. Er wird nicht so handeln müssen, wie ihm das von den Versuchungen vorgeschlagen wird. Er wird vielmehr der Tauferfahrung gemäß handeln, in der sich Gott mit ihm offenbart hat. Die Menschen, die Jünger, beginnen zu verstehen, was der Weg Jesu sein wird. Und das ist auch der Grund, warum die Erfahrungen von Jericho das Bindeglied zwischen dem vorherigen und dem zukünftigen Leben Jesu sind.

Die Erzählung des Zachäus (Lk 19,1–10) zeigt, wie dieser entscheidende Moment im Leben eines Mannes aus Jericho umgesetzt wird. Eines Mannes, der dort gelebt und eine Reihe negativer Erfahrungen gemacht hat, die Jesus sagen lassen: Es reicht! Er hatte Wünsche, Erwartungen, und Jesus sagt: Nur Mut, ich bin bei dir! Für Zachäus ist diese Erfahrung entscheidend, denn jetzt versteht er, was von sich er hinter sich lassen muss, und was dagegen seine Rettung als Sohn Abrahams bedeutet, seine Berufung ist.

Bitten wir darum, dass auch wir und unsere Kirche Anteil haben dürfen an dieser Erfahrung, dem Gefühl also, den Besuch Christi in unserem persönlichen und gemeinschaftlichen Leben zu erfahren, und zwar so tief, dass uns daraus ein neues Berufungslicht erwächst. Bitten wir, konkret verstehen zu dürfen, welche Dinge vermieden werden müssen, und was der Herr von uns will. Diese Gnade der Klarheit, der Bestätigung, der Erkenntnis, muss zuerst der Bischof erbitten, der gerufen ist, im Namen der ganzen Kirche über die Wege des Teufels und die Wege Gottes nachzudenken, wie Jesus in der Wüste nachgedacht hat. Der Bischof, der gerufen ist, sich den Stil zu eigen zu machen, wie man authentischer Diener seines Volkes ist – genauso wie es Jesus am Jordan getan hat.

Ihr müsst diese Gnade für mich erbitten. Ich bedarf ihrer. Und dann müssen wir sie für alle erbitten, für die Diözesangemeinschaft, für das Leben eines jeden von uns. Wir alle wollen die Wege Gottes kennen. Und Jesus, dessen Ruf an diesem Ort hier an uns ergeht, sagt: *Siehst Du, ich komme zu Dir nach Haus, ich werde Dir sagen, was Du tun musst, ich heiße gut, was Dich beseelt, ich bestätige, was Du hinter Dir lassen, nicht mehr tun willst, ich führe Dich auf diesem neuen Weg, ich bin mit Dir.*

Beten wir, damit die Diözese und die Weltkirche auf ihrem Weg die Momente erleben, die Jesus in Jericho erlebt hat, und die auch Zachäus an diesem Ort hier erlebt hat – wenn auch auf eine einfachere, für ihn aber sehr bedeutende Weise.

Mit Jesus in
der Todesangst vereint

Meditation in Jerusalem –
Basilika von Getsemani

Wer glaubte dem, was wir vernahmen?
Wem wurde der Arm des Herrn enthüllt?
Er wuchs empor vor uns wie ein Spross,
wie eine Wurzel aus dürrem Erdreich.
Keine Gestalt besaß er, noch Schönheit,
so dass wir ihn anschauen mochten.
Verachtet war er und von den Menschen gemieden,

ein Mann von Schmerzen, leiderfahren;
wie einer, vor dem man sein Angesicht verhüllt,
verabscheut, von niemand beachtet.
Aber unsere Krankheiten hat er getragen,
unsere Schmerzen hat er auf sich geladen;
doch wir hielten ihn für einen Geschlagenen,
den Gott getroffen und gebeugt hat.
Er wurde durchbohrt um unserer Sünden willen,
zerschlagen wegen unserer Missetaten.
Zu unserem Heil lag die Strafe auf ihm;
durch seine Wunden ist uns Heilung geworden.
Wir alle irrten umher wie die Schafe,
jeder ging seine eigenen Wege.
Aber der Herr ließ ihn treffen
die Schuld von uns allen.
Er wurde misshandelt, doch er beugte sich.
Er öffnete nicht seinen Mund.
Wie ein Lamm, das man zur Schlachtbank führt,
wie ein Schaf vor dem Scherer verstummt,
so öffnete (auch) er nicht seinen Mund.
Durch Gewalt und Gericht wurde er hinweggerafft;
wer kümmert sich um seinen Rechtsfall?
Er wurde herausgerissen aus dem Land
der Lebendigen;

unserer Sünden wegen wurde er zu Tode getroffen.
Bei Verbrechern bestimmte man sein Grab
und bei Übeltätern seine Gruft,
obgleich er niemals Unrecht getan hat
und kein Trug in seinem Mund war.
Aber der Herr fand Gefallen an seinem
Zerschlagenen,
er rettet den, der sein Leben als Sühnopfer hingab.
Er wird Nachkommen sehen, lange leben,
und das Vorhaben des Herrn wird durch ihn
gelingen.
Nach seiner Mühsal wird er Licht sehen
und sich an Erkenntnis sättigen.
Mein Knecht, der Gerechte, rechtfertigt die Vielen
und nimmt ihre Schuld auf sich.
Darum will ich ihm die Vielen als Anteil geben
und die Mächtigen fallen ihm als Beute zu,
dafür, dass er sein Leben in den Tod
dahingegeben hat
und unter die Übeltäter gezählt wurde,
während er doch die Schuld der Vielen trug
und für die Sünder eintrat.

JESAJA 53,1–12

Jesus am Ölberg

Er ging hinaus und begab sich nach seiner Ge-
wohnheit zum Ölberg; die Jünger folgten ihm.
Als er an den Ort gelangt war, sagte er zu ihnen:
Betet, dass ihr nicht in Versuchung geratet. Und
er trennte sich von ihnen etwa einen Steinwurf
weit, kniete nieder und betete: Vater, wenn du
willst, lass diesen Kelch an mir vorübergehen.
Doch nicht mein, sondern dein Wille soll gesche-
hen. Da erschien ihm ein Engel vom Himmel und
stärkte ihn. Und er geriet in Angst und betete
noch inständiger. Sein Schweiß war wie Blut, das
auf die Erde tropfte. Als er sich vom Gebet erhob
und zu den Jüngern zurückkehrte, fand er sie
schlafend vor Traurigkeit. Da sagte er zu ihnen:
Was schlaft ihr? Steht auf und betet, damit ihr
nicht in Versuchung geratet.

LUKAS 22,39–46

Die Gefangennahme Jesu

Während er noch redete, kam eine Schar und einer von den Zwölf namens Judas ging ihnen voran und näherte sich Jesus, um ihn zu küssen. Jesus aber sagte zu ihm: Judas, mit einem Kuss verrätst du den Menschensohn? Als seine Begleiter sahen, was (ihm) bevorstand, sagten sie: Herr, sollen wir mit dem Schwert dreinschlagen? Und einer von ihnen schlug auf den Knecht des Hohenpriesters ein und hieb ihm das rechte Ohr ab. Jesus aber sagte: Lasst ab! Nicht weiter! Und er berührte das Ohr und heilte ihn. Zu den Hohenpriestern aber, den Tempelhauptleuten und Ältesten, die zu ihm herangetreten waren, sagte Jesus: Wie gegen einen Räuber seid ihr ausgezogen mit Schwertern und Knüppeln. Als ich täglich bei euch im Tempel war, habt ihr nicht Hand an mich gelegt. Aber das ist euere Stunde und die Macht der Finsternis.

LUKAS 22,47–53

Jesus in seiner Todesangst im Garten Getsemani zu begleiten, ist ein Geheimnis, das man nur schwer in Worte fassen kann, und von dem wir uns auf geheimnisvolle Weise angezogen fühlen.

Ich erinnere mich, dass mich dieser Evangeliumstext schon als Kind fasziniert hat. Dass Jesus Angst hatte, dass er Verdruss, Abscheu empfunden hat – all das, was wir Gefühle des Aufbegehrens nennen –, schien mir etwas ganz Außergewöhnliches, ja fast schon Unglaubliches zu sein. Und doch auch so schön und so wahr! Damals kannte ich die Worte Pascals noch nicht, der gesagt hat: »Die Todesangst Jesu dauert bis ans Ende der Welt«. Ich hätte aber ohnehin nicht verstanden, was diese Worte bedeuten.

Heute dagegen können wir diese Bedeutung verstehen: Wir befinden uns nämlich in der »Kirche aller Nationen«. Und diese Kirche repräsentiert, symbolisiert tatsächlich alle Nationen der Welt. Also auch die Todesängste und

Leiden jeder Nation, die sich mit der Angst Jesu vermischen.

Das Geheimnis der Todesangst Jesu ist unglaublich, und doch auch so vertraut! Den Erfahrungen so ähnlich, die wir in den schwersten Stunden unseres Lebens machen. Erfahrungen, die so schmerzlich sind, dass wir sie nicht mit anderen teilen können. Wir spüren, dass Jesus mit diesen Erfahrungen verbunden ist; oder besser: dass wir mit seiner Erfahrung verbunden sein können.

Wir verstehen also nun auch den Grund für die nächtlichen Wachen in dieser Basilika, die das Vorspiel aller Wachen sind, die in den Kirchen gehalten werden – besonders von Donnerstag- auf Freitagabend! Denken wir an die vielen Gläubigen, die noch heute in der Nacht von Donnerstag auf den ersten Freitag im Monat in den Kirchen beten, um sich der Wache anzuschließen, die Jesus in der Nacht gehalten hat, als er ausgeliefert wurde.

Dieses Geheimnis hüllt uns ein; es repräsentiert uns. Nichts davon ist uns unbekannt: weder unserem persönlichen Leben, das viele Momente der Angst, der Ablehnung, der Abscheu und des Aufbegehrens kennt, die wir nicht vorhersehen können. Und auch nicht dem Leben in Gemeinschaft mit anderen Menschen – selbst solcher, die nicht glauben und vielleicht gerade deshalb noch mehr quälende Tage und Nächte erleben als wir. Und es ist auch den Gemeinschaften und Nationen nicht unbekannt, für die die Angst ein ständiger Begleiter ist.

Lasst uns in diesem Moment an das Leid des nahen Libanon denken, an die vielen Orte, an denen Krieg herrscht. Orte der Geschichte, mit denen sich Gott selbst durch eine wundersame Vorsehung in Christus verbunden hat. Er hat sie nicht zurückgestoßen, sie nicht als seiner Größe unwürdig erachtet. Er hat sie als Teil seiner Sendung gesehen.

Es stimmt, dass es in der Passion Jesu Momente gibt, in denen er noch größeres Leid erfahren hat als im Garten Getsemani. Und doch ist das Leiden von Getsemani das alltäglichere – ein Leiden, das in vielen Bereichen der persönlichen, familiären, gemeinschaftlichen, sozialen und kosmischen Realität allgegenwärtig ist.

Das Geheimnis Jesu in Todesangst zu verehren und zu schauen, ist vielleicht der Stil, der für unseren Glauben der wahrste ist. Eine Frage jedoch lässt uns keine Ruhe: Was lehrt uns dieses Geheimnis? Es lehrt und empfiehlt uns drei Haltungen, die wir dem Evangeliumsbericht entnehmen können, den wir gerade gehört haben (Lk 22,39–53).

Die erste ist, dass an solchen Momenten nichts Verwunderliches ist: Auch Jesus hat sie erlebt. Wir müssen uns nicht schämen – auch Jesus hat sich nicht geschämt. Im Gegenteil, er wollte sogar, dass es uns von den Jüngern erzählt wird. Er wollte sagen: »Ich habe Angst.« Wir fürchten uns oft, den anderen zu sagen, dass wir Angst haben. Er aber hat es gesagt, trotz des Bewusstseins seiner Verantwortung und in dem Wissen, dass er seine Jünger damit vor den Kopf stoßen würde. Schließlich kannten sie ihn als jemanden, der jeder Situation gewachsen war, für alles eine Lösung zu haben schien. Jesus aber wollte, dass die Seinen nicht über ihn staunten, damit sie nicht einmal über sich selbst staunen konnten.

Die zweite Haltung, die wir uns zu eigen machen sollen, ist das Wachen. Wacht! Und genau das fällt uns am allerschwersten, weil wir in solchen Momenten normalerweise schlafen oder uns ablenken lassen; etwas anderes tun wollen, nicht denken, und schon gar nicht der Realität ins Auge sehen wollen. Der eine flüchtet sich in das eine, der nächste in das andere – ja manch einen treibt die Angst sogar in den Drogen- und Alkoholkonsum.

Wir wollen die Angst nicht, wir wollen nicht verstehen, dass auch sie unser Weggefährte ist. Dass man sie nicht mit unnötigem Masochismus heraufbeschwören soll, sondern annehmen muss, in dem Wissen, dass sie von Zeit zu

Zeit wieder auftaucht, wieder auftauchen kann. Wir müssen der Angst ins Auge sehen, wie ihr Jesus an diesem Ort ins Auge gesehen hat.

Die dritte Haltung ist das Gebet. In Wahrheit sind wir, wenn wir Angst haben, der Meinung, dass nicht einmal Gott uns helfen kann. Wenn uns der Gedanke käme, dass uns die Hilfe Gottes gewiss ist, hätten wir gar nicht erst Angst. Wir aber fühlen uns wie in einer Falle. Wir glauben, dass nicht einmal Gott weiß, was er noch für uns tun kann – und so lassen wir das Beten gleich ganz sein. Jesus aber sagt: »Wacht und betet!« Beten mit der Schlichtheit und der Mühe, mit der Jesus hier gebetet hat. Beten, um nicht der Versuchung zu erliegen. Angst ist nämlich noch keine Versuchung. Die Angst ist unser Weggefährte, der oft betäubt wird von den Beruhigungsmitteln, zu denen inzwischen Hunderttausende von Menschen greifen: Dabei ist es doch nur Angst! Versuchung ist es, wenn aus der Angst, der Teilnahmslosigkeit, der Traurigkeit, der Abscheu, dem Gefühl des Aufbegehrens Trägheit wird, Abstumpfung, bittere Resignation.

Wie viele Rückgänge bei den Berufungen sind mit dieser traurigen Geschichte verbunden: Ängste, denen man sich nicht stellt, die man zuerst beiseitegeschoben und dann verdrängt hat. Man war nicht bereit, sich ihnen mit Wachen oder Gebeten zu stellen! Es sind Ängste, die so bitter machen, dass man vor ihnen flüchtet. Oder ist dieser Ort vielleicht nicht auch Zeuge der Flucht der Apostel und ihrer Schwäche?

Bitten wir also die Apostel, dass sie für uns die Zeit zurückdrehen, damit wir uns an das Gebet Jesu anschließen können, das in diesem Moment genau das Richtige für uns ist.

Danklied für den König
[Dem Chormeister; ein Psalm von David.]
Herr, deiner Macht erfreut sich der König,
über deine Hilfe jubelt er laut.
Du hast ihm erfüllt seines Herzens Begehr,
ihm nicht verweigert, was seine Lippen erbaten.
Du bist ihm zuvorgekommen mit Segen und Heil,
hast ihm das Haupt gekrönt mit einer Krone von lauterem Gold.

Leben erbat er von dir und du gabst es ihm,
die Fülle der Tage für immer und ewig.
Groß ist sein Ruhm durch die Kraft deiner Hilfe,
du hast ihn geschmückt mit Hoheit und Pracht.
Du hast ihn zum Segen gemacht für immer,
ihn beglückt vor deinem Antlitz mit Freude.
Denn der König vertraut auf den Herrn,
nicht wird er wanken durch die Huld des Höchsten.
Es komme deine Hand über all deine Feinde;
die dich hassen, es treffe sie deine Rechte.
Mache sie glühend wie im Feuer der Esse
am Tag, da dein Antlitz erscheint.
In seinem Zorn soll der Herr sie vernichten,
fressen soll sie das Feuer.
Vertilge ihr Geschlecht von der Erde,
ihre Brut aus der Mitte der Menschen.
Planen sie gegen dich auch Böses und
sinnen sie Arglist,
nimmermehr werden sie siegen.
Denn du jagst sie alle in die Flucht,
gegen ihr Angesicht spannst du den Bogen.
In deiner Macht erhebe dich, Herr, und deine
Stärke wollen wir besingen und preisen.

PSALM 21

Die Verleugnung durch Petrus

Sie nahmen ihn fest, führten ihn fort und brachten ihn in das Haus des Hohenpriesters. Petrus folgte von weitem. Als sie aber mitten im Hof ein Feuer angezündet und sich zusammengesetzt hatten, setzte sich Petrus mitten unter sie. Da sah ihn eine Magd am Feuer sitzen, blickte ihn genau an und sagte: Der war auch bei ihm. Er aber leugnete und sagte: Frau, ich kenne ihn nicht. Kurz darauf sah ihn ein anderer und sagte: Auch du bist einer von ihnen. Petrus aber sagte: Mann, ich bin es nicht. Ungefähr eine Stunde später behauptete ein anderer: Wahrhaftig, der war auch bei ihm; er ist doch auch ein Galiläer.

LUKAS 22,54–59

Gott hat ihn auferweckt

Israeliten, hört diese Worte: Jesus, den Nazoräer,
einen Mann, der von Gott vor euch beglaubigt
worden ist durch mächtige Taten, Wunder und
Zeichen, die Gott durch ihn in euerer Mitte getan
hat, wie ihr selbst wisst, ihn, der nach Gottes
festgesetztem Ratschluss und Vorherwissen
ausgeliefert wurde, habt ihr durch die Hände der
Gesetzlosen kreuzigen und töten lassen. Ihn hat
Gott auferweckt, indem er die Wehen des Todes
löste; es war ja nicht möglich, dass er von ihm

festgehalten würde. Sagt doch David von ihm:
Ich habe den Herrn allzeit vor Augen,
denn er steht mir zur Rechten,
dass ich nicht wanke.
Darum freut sich mein Herz
und jubelt meine Zunge,
und auch mein Leib wird in Hoffnung ruhen;
denn du gibst meine Seele nicht dem Untergang
preis
und lässt deinen Heiligen nicht die Verwesung
schauen.
Du hast mir die Wege des Lebens kundgetan,
du erfüllst mich mit Freude vor deinem Angesicht.

APOSTELGESCHICHTE 2,22–28

Das leere Grab

Am ersten Tag der Woche kam Maria aus Magda-
la in aller Frühe, als es noch dunkel war, zum Grab
und sah, dass der Stein vom Grab weggenommen
war. Da kam sie zu Simon Petrus gelaufen und zu
dem anderen Jünger, den Jesus liebte, und sagte zu
ihnen: Man hat den Herrn aus dem Grab wegge-
nommen, und wir wissen nicht, wohin man ihn
gelegt hat. Da machten sich Petrus und der andere
Jünger auf und gingen zum Grab. Die beiden liefen

miteinander, aber der andere Jünger war schneller
als Petrus und kam zuerst an das Grab. Er beugte
sich vor und sah die Leinenbinden daliegen; hinein
ging er jedoch nicht. Dann kam auch Petrus hinter
ihm her. Er ging in das Grab hinein und sah die
Leinenbinden daliegen und das Schweißtuch, das
seinen Kopf bedeckt hatte; aber es lag nicht bei den
Leinenbinden, sondern für sich zusammengefaltet
an einer besonderen Stelle. Hierauf ging auch der
andere Jünger, der zuerst zum Grab gekommen
war, hinein und sah und glaubte. Denn noch hat-
ten sie die Schrift nicht verstanden, dass er von den
Toten auferstehen musste. Dann gingen die Jünger
wieder nach Hause.

JOHANNES 20,1–9

Die Feier des Osterfestes mit der freudvollen
Ankündigung der Auferstehung fand im
Morgengrauen am Heiligen Grab statt. Eine
Predigt wurde nicht gehalten. Die stille
Meditation, gefolgt von den Lesungen, hat den
Tag eingeläutet, dessen Höhepunkt die heilige
Messe in Emmaus bildete.

Der Schutz Mariens

Meditation am Mariengrab – Kidrontal

**Christus, der Erste unter
den Auferstandenen**

*Nun aber ist Christus von den Toten auferweckt
worden als der Erste der Entschlafenen. Denn
da durch einen Menschen der Tod gekommen
ist, kommt durch einen Menschen auch die
Auferstehung der Toten. Wie nämlich in Adam
alle sterben, so werden in Christus alle lebendig*

gemacht werden. Ein jeder aber in der für ihn
geltenden Reihenfolge: als Erster Christus, dann,
wenn Christus kommt, alle, die zu ihm gehören.
Danach kommt das Ende, wenn er Gott, dem
Vater, die Königsherrschaft übergibt, nachdem
er jede Macht und Gewalt und Kraft vernichtet
hat. Denn er muss als König herrschen, bis Gott
ihm alle Feinde unter seine Füße gelegt hat. Als
letzter Feind wird der Tod vernichtet; denn alles
hat er seinen Füßen unterworfen. Wenn es aber
heißt: Alles ist unterworfen, ist offenbar der
ausgenommen, der ihm alles unterworfen hat. Ist
ihm aber alles unterworfen, dann wird auch der
Sohn selbst sich dem unterwerfen, der ihm alles
unterworfen hat, damit Gott alles in allem ist.

1 KORINTHER 15,20–28

Die Begegnung zwischen
Maria und Elisabet
Maria machte sich in diesen Tagen auf und eilte
in eine Stadt im Gebirge von Judäa. Sie trat in
das Haus des Zacharias und begrüßte Elisabet.
Als Elisabet den Gruß Marias hörte, hüpfte das

Kind in ihrem Leib; Elisabet wurde vom heiligen
Geist erfüllt und rief mit lauter Stimme: Geseg-
net bist du unter den Frauen und gesegnet ist die
Frucht deines Leibes! Woher wird mir dies zuteil,
dass die Mutter meines Herrn zu mir kommt?
Denn als der Klang deines Grußes in mein Ohr
drang, hüpfte das Kind vor Freude in meinem
Leib. Selig, die geglaubt hat, dass sich erfüllt,
was ihr vom Herrn gesagt wurde.

LUKAS 1,39–56

Das Magnifikat

Da sagte Maria:
Hochpreist meine Seele den Herrn
und mein Geist jubelt über Gott, meinen Retter.
Denn er hat geschaut auf die Niedrigkeit seiner
Magd.
Siehe, von nun an preisen mich selig
alle Geschlechter.
Denn Großes hat an mir getan der Mächtige
und heilig ist sein Name.
Seine Barmherzigkeit währt von Geschlecht zu
Geschlecht allen, die ihn fürchten.

Er hat Machttaten vollbracht mit seinem Arm,
er zerstreut, die im Herzen voll Hochmut sind.
Gewaltige hat er vom Thron gestürzt
und Niedrige erhöht.
Hungrige hat er erfüllt mit Gütern
und Reiche leer davongeschickt.
Angenommen hat er sich Israels, seines Knechtes,
eingedenk seiner Barmherzigkeit,
wie er gesprochen hat zu unseren Vätern,
Abraham und seinen Nachkommen in Ewigkeit.
Und Maria blieb ungefähr drei Monate bei ihr
und kehrte dann in ihr Haus zurück.

LUKAS 1,46–57

Nicht weit von hier entfernt, in der Kirche St. Anna, wird das Geheimnis der Geburt der Jungfrau Maria gefeiert. Hier, vor der Kirche, das Geheimnis ihrer Darstellung im Tempel. Am anderen Ende von Jerusalem, in Ain Karem, feiert man das Geheimnis des Besuchs bei ihrer Base Elisabet.

An diesem Ort feiern wir das Geheimnis des Todes Mariens und ihrer Aufnahme in den Himmel, und kontemplieren so alle Geheimnisse ihres Lebens als Teilhabe an den Geheimnissen Jesu: an den Leiden Jesu (die wir gestern Abend meditiert haben), und an der Herrlichkeit und Auferstehung Jesu (die wir heute Morgen gefeiert haben).

Die erste Lesung aus der Offenbarung des Johannes (11,19; 12,1–6.10) führt uns in einer geheimnisvollen, nicht immer leicht zu erklärenden Synthese in das Geheimnis der Kirche ein als Teilhabe an den Geheimnissen Jesu. Indem wir Maria feiern, feiern wir also auch das Geheimnis der Kirche, die mit Christus stirbt und wieder aufersteht. Und wir feiern das Geheimnis unseres Lebens und unserer Gemeinschaften, die gerufen sind, ebenfalls an den Geheimnissen Christi und Mariens Anteil zu haben.

Ich lade alle ein, jetzt und nach dem Besuch, den wir im Gedenken der Gegenwart der Jungfrau abstatten, um Gnade für unsere ambrosianische Kirche zu bitten. Darum zu bitten, dass unsere Kirche sein möge wie Maria: eine Kirche, die der Widerschein Jesu Christi ist, ganz auf Christus bezogen; eine Kirche, die nur in ihrer Beziehung zu Jesus Bedeutung hat, ihn also bekunden, leben muss. Und dann bitten wir auch darum, dass ein jeder von uns die Erfahrung dieses Geheimnisses auch in seinem Leben machen möge. Ein Geheimnis des Kampfes – nicht umsonst spricht ja auch die Offenbarung des Johannes von einem geheimnisvollen Kampf. Mit Christus zu sein, in der Kirche zu sein bedeutet, dass das Dasein, das uns versprochen, angekündigt wird, kein einfaches ist.

Mit Christus zu sein im Sieg über den Tod heißt auch, dass man in dem demütigen und herrlichen Dienst, den Maria der Menschheit leistet, mit ihr ist. Denken wir nur an Lourdes, an Fatima – an all die Pilgerorte, an denen sich die Jungfrau Maria zeigt, um uns zu bestätigen, dass sie die Geschichte der Kirche auch weiterhin begleiten wird.

Der Ort, an dem wir uns jetzt befinden, ist sozusagen die Quelle aller anderen Präsenzen Mariens. Maria, die ganz in Christus lebt, kann sich in der Geschichte der Menschen zeigen und offenbaren. Sie offenbart und zeigt sich auch in der Geschichte unserer Kirche von Mailand: im geistlichen Leben vieler Menschen, ja auch in der symbolischen Präsenz der »Madonnina«, die unseren Dom krönt. Es ist eine konstante Präsenz, ein Zeichen, das Maria unserer Kirche gibt. Und so wollen wir hier unsere Weihe an sie und unseren Glauben an ihren mütterlichen Schutz erneuern.

Da wurde der Tempel Gottes im Himmel geöff-
net und die Lade seines Bundes wurde in seinem
Tempel sichtbar und es entstanden Blitze, Stim-
men und Donner, Beben und gewaltiger Hagel.
[...]

Die Frau und der Drache

Dann erschien ein großes Zeichen am Himmel:
Eine Frau, mit der Sonne bekleidet, unter ihren
Füßen der Mond und auf ihrem Haupt ein Kranz
von zwölf Sternen. Sie war schwanger und schrie
in Wehen und Geburtsqualen. Noch ein anderes
Zeichen erschien am Himmel: Ein großer, feuer-
roter Drache mit sieben Köpfen und zehn Hörnern
und mit sieben Diademen auf seinen Köpfen. Sein
Schwanz fegte ein Drittel der Sterne vom Himmel
und warf sie auf die Erde. Der Drache stand vor
der Frau, die gebären sollte, um gleich nach der
Geburt ihr Kind zu verschlingen. Und sie gebar
ein Kind, einen Sohn, der über alle Völker mit
eisernem Zepter herrschen wird. Und ihr Kind
wurde zu Gott und zu seinem Thron entrückt.
Die Frau aber floh in die Wüste zu einer Stätte,
die Gott ihr bereitet hatte. Dort wird man sie mit

Nahrung versorgen, zwölfhundertsechzig Tage
lang. [...]
Da hörte ich eine gewaltige Stimme im Himmel
rufen:
Jetzt ist gekommen das Heil und die Kraft
und die Herrschaft unseres Gottes
und die Macht seines Gesalbten;
denn gestürzt wurde der Ankläger unserer Brüder,
der sie vor unserem Gott Tag und Nacht verklagt.

OFFENBARUNG DES JOHANNES 11,19; 12,1–6.10

Der großen Stadt entgegen

Homilie in Emmaus – Basilika

Denn vor allem habe ich euch überliefert, was
auch ich empfangen habe: Christus ist für unsere
Sünden gestorben gemäß der Schrift, er ist be-
graben worden und am dritten Tag auferweckt
worden gemäß der Schrift und er ist dem Kephas
erschienen, dann den Zwölf. Danach ist er mehr
als fünfhundert Brüdern zugleich erschienen; die
meisten von ihnen leben jetzt noch, einige aber
sind entschlafen. Danach ist er dem Jakobus

*erschienen, dann allen Aposteln. Zuletzt aber
von allen ist er auch mir erschienen, gleichsam
der Fehlgeburt. Bin ich doch der geringste unter
den Aposteln, unwürdig, Apostel zu heißen, weil
ich die Kirche Gottes verfolgt habe. Aber durch
Gottes Gnade bin ich, was ich bin, und seine mir
geschenkte Gnade ist nicht unwirksam geblieben,
sondern mehr als sie alle habe ich mich abgemüht
– nicht ich, sondern die Gnade Gottes mit mir.
Einerlei nun, ob ich es bin oder ob jene es sind: So
verkündigen wir und so seid ihr gläubig geworden.*

1 KORINTHER 15,3–10

Die Erscheinung Jesu vor Maria aus Magdala
*Maria aber stand draußen vor dem Grab und
weinte. Während sie weinte, beugte sie sich
in das Grab vor und sah zwei weiß gekleidete
Engel dasitzen, einen am Kopfende und einen am
Fußende der Stelle, wo der Leichnam Jesu gelegen
hatte. Sie sagten zu ihr: Frau, warum weinst du?
Sie antwortete ihnen: Weil man meinen Herrn
weggenommen hat und ich weiß nicht, wohin
man ihn gelegt hat. Nach diesen Worten wandte*

sie sich um und sah Jesus dastehen, wusste aber
nicht, dass es Jesus war. Jesus sagte zu ihr: Frau,
warum weinst du? Wen suchst du? Sie meinte,
es sei der Gärtner, und sagte zu ihm: Herr, wenn
du ihn fortgetragen hast, sag mir, wohin du ihn
gelegt hast. Dann werde ich ihn holen. Jesus sagte
zu ihr: Maria! Da erkannte sie ihn und sagte auf
Hebräisch zu ihm: Rabbuni!, das heißt: Meister.
Jesus sagte zu ihr: Halte mich nicht fest; denn ich
bin noch nicht zum Vater hinaufgegangen. Geh
aber zu den Brüdern und sag ihnen: Ich gehe hin-
auf zu meinem Vater und euerem Vater, meinem
Gott und euerem Gott. Maria aus Magdala ging
zu den Jüngern und verkündigte ihnen: Ich habe
den Herrn gesehen, und dies habe er ihr gesagt.

JOHANNES 20,11–18

Zu dieser fortgeschrittenen Stunde des Tages
werden viele von euch müde sein. Das waren
auch die Emmaus-Jünger, als sie – es war schon
Abend – im Dorf ankamen. Und doch war es
ein wichtiger Moment. Bitten wir also die beiden Jünger um ihre Fürsprache, damit uns die

Augen geöffnet werden und wir erkennen, wie wichtig und bedeutungsvoll der Moment ist, den wir gerade erleben. Wir dürfen Jesus erkennen, der sich beim Brechen des Brotes offenbart – eine Handlung, die wir gleich vollziehen werden. Wir dürfen den Sinn des Weges erkennen, den er uns weist.

Warum ist dieser Moment so wichtig? Er ist vor allem wegen eines historischen Bezuges wichtig, den der Kustos des Heiligen Landes, Pater Mancini[2], angesprochen hat. Ich danke ihm für seine Gastfreundschaft und bringe ihm im Herrn meine besten Wünsche für sein Amt und die große Verantwortung zum Ausdruck, die er an diesen Orten hier hat.

Pater Mancini hat uns daran erinnert, dass diese Kirche auch ein wenig die unsrige ist, weil sie im Rahmen einer denkwürdigen Pilgerreise vor 82 Jahren mit dem heiligen Öl und der Kraft des Gebets von Kardinal Andrea Ferrari geweiht

2 Ignazio Mancini OFM, Kustos des Heiligen Landes von 1980 bis 1986.

wurde. Es war der Beginn der großen modernen Pilgerreisen: viele Menschen nahmen daran teil, und es waren Reisen, die mehrere Monate dauerten, oft mit großen Mühen verbunden waren.

Wir stehen also in Kontinuität mit Kardinal Ferrari und sind, wie vor 82 Jahren, sind auch heute zahlreich hier erschienen. Das ist schon allein deshalb wichtig, weil viele Priester unter uns sind: Priester, die schon seit vielen Jahren die Messe feiern und auch solche, die erst im letzten Jahr geweiht wurden. Sie alle repräsentieren die Kontinuität – nicht, weil sie jung oder alt sind, sondern weil sie die Einheit der ambrosianischen Kirche repräsentieren.

Bedeutungsvoll ist auch eure Anwesenheit hier, liebe Brüder und Schwestern, die ihr aus verschiedenen Orten der großen Diözese kommt und spirituell das lebendige Sinnbild der gesamten Diözese an diesem Ort seid, an dem der Herr zu Hause ist.

Es ist wichtig, weil Emmaus in diesen Jahren für unsere Kirche ein wichtiger symbolischer Bezugspunkt war. Vor zwei Jahren hatte ich das Glück, mit Pilgern und Priestern hierherzukommen, die den 10. Jahrestag ihrer Primiz feiern konnten. Schon damals hatten wir die Bedeutung dieses Symbols verstanden.

Was bedeutet Emmaus? Für uns war es ein Weg des Hörens, einer Stille wie der, die auf die lebhafte Diskussion der beiden Jünger folgte: ein Weg der kontemplativen Stille, mit dem wir uns auf den Eucharistischen Kongress vorbereiten und die kontemplative Dimension des Lebens herausstellen wollten.

Wir haben das Jesus-Wort »am Anfang war das Wort« gehört: Ein ganzes Jahr lang waren wir bemüht, dem Primat des Wortes, der lectio divina, den Schulen des Wortes und der Schrift größere Aufmerksamkeit zu widmen. So haben wir uns darauf vorbereitet, im Jahr des Eucharistischen Kongresses die Zentralität der Eucharistie anzunehmen, den für die Gemeinschaft grundlegenden Moment des Mahls Jesu mit den Seinen, des in der Messe erneuerten Paschas. Der Besuch des Heiligen Vaters, der gekommen ist, um mit uns die Eucharistie zu verehren, hat einen Gnadenweg und einen der Höhepunkte des Kongresses bezeichnet.

Ich möchte Gott hier öffentlich meinen Lobpreis darbringen für die Mühe und den Einsatz der Diözesan-Gemeinschaft, besonders der Priester, die mit großer Liebe und Umsicht den Emmausweg angenommen, verinnerlicht und begleitet haben. Ich will Zeugnis ablegen für die Tausenden von Priestern, die in der Diözese wirken (2.300 Welt- und mehr als 1.000 Ordenspriester), die Botschaft von Emmaus von Anfang an mit großer Disponibilität aufgenommen haben und ihre Gemeinschaft mit Fleiß, Eifer und Verantwortungsbewusstsein auf den Kongress vorbereitet haben.

Wir wollten diesen Weg, der – von der Begegnung, dem Erkennen Jesu beim Brechen des Brotes angeregt – vom Kongress ausgehen konnte,

»Aufbruch aus Emmaus« nennen: also eine erneute Bezugnahme auf diesen Ort und diesen Evangeliumsbericht.

Aufbruch aus Emmaus: das also heißt dieses »Aufspringen« der beiden müden, staubbedeckten Jünger, die ihr Mahl in aller Hast abbrechen, um nach Jerusalem zu laufen und die große Nachricht zu verkünden, sich zu »Zeugen des Auferstandenen« zu machen.

Das ist der Weg, den wir dieses Jahr gehen. Er stellt den Einsatz und die missionarische Qualität des Lebens der Kirche heraus, vor allem den missionarischen Stil im Leben der Pfarreien. Es ist ein Weg der Aufmerksamkeit für die Katechese für und mit den Erwachsenen, im Bewusstsein des dringenden Katechese-Bedarfs, den viele Erwachsene haben, und der Verdunkelung der großen Evangeliumswahrheiten, die den Weg des Lebens leiten.

Und es ist ein Weg, der uns in diesem Jahr des hl. Karl Borromäus (1984) zum Eucharistischen Diözesankongress und zu einer neuen Begegnung mit dem Heiligen Vater führt, der die Feiern zum 400. Todestag unseres großen Patrons mit uns ausklingen lassen will.

Dennoch muss an dieser Stelle ein Missverständnis geklärt werden. Der ein oder andere Pfarrer hat mir ein paar scherzhafte Anmerkungen zu meinem Hirtenbrief »Aufbruch aus Emmaus« geschrieben: Der Brief ist ja schön und gut, aber sind wir wirklich gerade erst in Emmaus angekommen, um gleich wieder fortzugehen? Es reicht nämlich nicht, einen Weg zu beschreiben, es reicht nicht, eine Reiseroute abzustecken: Man muss ihn auch gehen. Und einen Weg abzustecken, ein paar Anstrengungen unternommen zu haben und ihn dann ganz und verantwortungsbewusst mit der gesamten Gemeinschaft gegangen zu sein, ist nicht immer dasselbe. Natürlich bin ich mit dieser Reflexion einverstanden. Wir lassen den Weg, den wir gegangen sind, nicht hinter uns: Er ist sozusagen das Gleichnis eines Weges, der Hinweis auf die bleibenden Momente eines Weges, den wir immer wieder neu gehen müssen.

Wir müssen uns immer wieder neu darauf besinnen, Kontemplative zu werden. Wir müssen uns immer wieder neu das Wort Gottes zu eigen machen, das wir doch so wenig kennen. Wie viele von uns haben in diesen Jahren ernsthaft die Evangelien meditiert? Wie viele von uns können sich rühmen, eine gründliche Kenntnis der Paulusbriefe zu haben, und sagen, dass der Brief an die Römer oder an die Galater Teil ihrer lebendigen christlichen Erfahrung ist? Für wie viele von uns ist die Eucharistie wirklich das Zentrum, das unser Leben formt, uns zum Ansporn gereicht?

Der Weg, den wir gehen müssen, bleibt offen, und er muss auch weiter unser Bezugspunkt sein. Es stimmt aber auch, dass er weitergeht; dass er nicht von uns verlangt, dass wir innehalten, um ihn zu vervollkommnen, die zurückgelegten Etappen zu überdenken: Er will, dass wir sie verinnerlichen, indem wir immer weiter vorwärts blicken.

Und es ist Emmaus, das uns einlädt, nach vorn zu schauen, auf den Weg zu schauen, der uns nach dem Jahr des hl. Karl erwartet, auf die Verpflichtungen und Pastoralprogramme, die noch vor uns liegen.

Wir können den Emmaus-Jüngern, die vom Tisch aufspringen, um in aller Hast nach Jerusalem zu laufen, eine Frage stellen. Wir können sie fragen: Wohin geht ihr? Und sie würden uns antworten: nach Jerusalem. Und wir: Aber Jerusalem ist groß, da gibt es alles Mögliche! Da gibt es Gutes und Böses, da gibt es Glauben und da gibt es Unglauben. Wohin geht ihr also? Und an dieser Stelle werden sie es uns genauer sagen: Wir gehen zum Abendmahl!

Die Emmaus-Jünger gehen nicht aufs Gerate-
wohl in eine unbekannte Stadt: Sie sind auf der
Suche nach einem bestimmten Ambiente, einer Situation, die ihrerseits wieder der Ort sein
wird, der ein großes Feuer entfacht. Sie machen
sich auf den Weg zum Abendmahl, von dem die
Kraft des Heiligen Geistes ausgehen wird, jene
göttliche Liebe, die fähig ist, das Universum zu
entflammen.

Das ist das Programm, das unsere Diözese in
Angriff nimmt: Unser Zeugnis des Auferstandenen, das wir als notwendigen missionarischen
Moment des Weges der Kirche betrachten,
muss dorthin führen, wohin jeder Weg der Kirche führt. Es muss zu der großen Grundhaltung
führen, die der Christ der Welt gegenüber ein-
nimmt: zur Liebe.

Nicht der Liebe, die einfach nur das Interesse,
die Aufmerksamkeit für den anderen ist, die
Hilfe, die Sorge um ihn. Nein, der Liebe, die das
in uns lodernde Feuer des Heiligen Geistes ist
und die zur Liebe, Aufmerksamkeit, Wachsam-

keit in allen menschlichen Situationen wird. Situationen materieller, spiritueller, kultureller, sozialer, politischer, kosmischer, universeller Armut. Eine Liebe, die, da sie aus dem Heiligen Geist kommt, den Dimensionen und Grenzen dieser Welt entspricht. Daher die Liebe, die sich aus dem »Aufbruch aus Emmaus« ergibt. Daher die Liebe, die im Herzen der »Zeugen des Auferstandenen« entbrennen muss. Daher die Haltung, die im »Vorrang« des Wortes und der Zentralität der Eucharistie gründet.

Die grundlegende Frucht der Eucharistie, die einzige Frucht, die alle anderen miteinschließt, ist der Heilige Geist, die sich mitteilende tätige Liebe, die Liebe, die die Dramen sieht, die uns umgeben, das Leid der Gefangenen, die Mühen, die Not der Wirtschaft, der Fabriken, der Arbeitswelt – bis hin zu den komplexeren Problemen der Politik und des gesellschaftlichen Zusammenlebens, des Dienstes am sozialen Konsens und des Dienstes am Frieden und der Harmonie unter den Menschen.

Das Abendmahl in Emmaus, dieses einfache Gespräch, bei dem Jesus den Seinen die Schrift erklärt, lässt Horizonte missionarischer Liebe entstehen. Horizonte, die fähig sind, die Welt zu entflammen, und die wir als Berufung und Sendung empfinden.

Das, was wir hier sagen, ist keine Anmaßung. Es lässt einfach nur die Erfahrung der ersten Christen wieder aufleben. Es lässt uns das apostolische und missionarische Bewusstsein des Paulus nachempfinden, dem sich der auferstandene Jesus gezeigt hat. Er hat ihm nicht nur einen tiefen Sinn seiner Sendung vermittelt, sondern auch den Sinn des Ungeschuldetseins der Gabe. Und deshalb konnte Paulus auch sagen: ich bin nichts wert, ich selbst kann gar nichts tun, aber ich kann alles in ihm, der mir Kraft gibt!

Lasst uns beten:

Oh Herr Jesus, dem die Jünger an diesem Ort begegnet sind, und der Du Dich gezeigt hast beim Brechen des Brotes, sprich zu unserem Herzen, damit wir die Wärme der Jünger wieder spüren können als etwas, das jetzt passiert und unsere Erfahrung zu einer realen, unvergesslichen Erfahrung werden lässt!

Oh Herr, der Du die Jünger von der verwirrten Bitterkeit zur sicheren Gewissheit eines Weges der Sendung und der Liebe geführt hast, lass keinen von uns in Unsicherheit und Verwirrung zurück! Sei unser Gast, Herr Jesus, und offenbare uns Dich selbst, Deine Liebe, die Bedeutung Deines Todes und die Bedeutung unseres Lebens. Wir wollen nicht mit den beiden Jüngern der großen Stadt entgegengehen, entgegenlaufen, die viele Namen hat – Jerusalem, Mailand –, der Weltstadt, wo alle Völker Einheit suchen.

*Wir gehen in diese Stadt mit der
Gewissheit, dass unser Weg
zu einer Bestimmung, einer Sicherheit,
einer Klarheit der Ideale führt, die uns niemand nehmen kann. Der Gewissheit, dass
unser Weg der wahre ist: dass jeder Schritt
dieses Weges, sei er auch noch so schlicht
und einfach, ein Schritt auf ein Ziel hin ist,
das die Fülle jenes Jerusalem ist, das sich
vom Himmel, von Gott her zeigt, zur Freude
und Fülle des menschlichen Lebens.*

*Oh Maria, die Du die Gnade des himmli-
schen Jerusalem bereits lebst; Du, die Du
das Sinnbild des Weges und das vollkom-
mene Ziel der Kirche bist, lebst in einem
jeden von uns und lässt in einem jeden von
uns die Präsenz deines auferstandenen
Sohnes leben, damit wir diesem idealen Ziel
entgegengehen können und auch jene, die
bei uns sind, zu Weggefährten machen, die
heiter und zuversichtlich mit uns gemeinsam diesem Ziel entgegengehen.*

Im ersten Buch, lieber Theophilus, habe ich alles
dargelegt, was Jesus von Anfang an getan und
gelehrt hat bis zu dem Tag, als er (in den Him-
mel) aufgenommen wurde, nachdem er den von
ihm erwählten Aposteln durch den Heiligen Geist
Weisung erteilt hatte. Ihnen erwies er sich nach
seinem Leiden durch viele Beweise als lebendig,
indem er ihnen vierzig Tage hindurch erschien
und vom Reich Gottes sprach. Als er mit ihnen
zum Mahl versammelt war, gebot er ihnen: Geht
nicht von Jerusalem fort, sondern wartet die
Verheißung des Vaters ab, die ihr von mir gehört
habt. Denn Johannes hat mit Wasser getauft, ihr
aber werdet in wenigen Tagen mit Heiligem Geist
getauft werden. Die Versammelten fragten ihn
nun: Herr, wirst du in dieser Zeit das Reich für
Israel wieder aufrichten? Er antwortete ihnen:
Nicht euch kommt es zu, Zeit und Stunde zu wis-
sen, die der Vater in seiner Vollmacht festgesetzt
hat. Aber ihr werdet die Kraft des Heiligen Geis-
tes empfangen, der auf euch kommt, und werdet
meine Zeugen sein in Jerusalem und in ganz
Judäa und Samarien und bis ans Ende der Erde.

APOSTELGESCHICHTE 1,1–8

Nachwort

Weitergehen auf den Spuren Jesu

Am Ende der diözesanen Pilgerreise hat Carlo Maria Martini die Teilnehmer bei einem gemeinsamen Essen in Jerusalem begrüßt. Hier die Abschlussworte, mit denen er die intensive gemeinschaftliche Erfahrung Revue passieren ließ:

An diesem Abend hatte ich den Eindruck, dass sich vor meinen Augen eine immense Talebene auftut. Und da habe ich mich gefragt, welches biblische Symbol die Szene unseres gemeinsamen Mahls wohl am besten zum Ausdruck bringen könnte. Ich habe mich an Monsignor Galbiati gewandt, und wir haben einige Bibelepisoden sofort ausgeschlossen: beispielsweise das Festmahl der Philister mit Samson, und das Festmahl des Ahasveros! Vom Festmahl der Söhne des Jakob haben wir ebenfalls abgesehen, weil es zwar gut und schön begonnen hat, dann aber ein stürmisches Ende nahm!

Danach haben wir die Erzählung von der Brotvermehrung in Erwägung gezogen: Die Menschen waren in Gruppen von je fünfzig eingeteilt
worden, und auch uns hatte man ja in Gruppen
von je 50 Personen auf die Busse aufgeteilt. Ein
Aspekt der Brotvermehrung hat mich aber dann
doch abgeschreckt: Der Gedanke, dass in einem
gewissen Sinn einer für alle gezahlt hat, ... denn
musste ich da nicht fürchten, dass man mir die
Rechnung für das Essen präsentieren würde?
Doch dann fiel uns das ein, was eigentlich das
Naheliegendste war: die Abendmahle der ersten Christen. Damals war es üblich, dass jeder
etwas mitbrachte. So war für alle genug da, alle
waren zufrieden und lobten den Herrn.

Und genau so war es ja auch heute Abend:
Wir haben unsere Erfahrungen, die Freuden
der letzten Tage miteinander geteilt, einen gemeinschaftlichen Lebensstil erprobt, eine Art
und Weise, Gemeinschaft zu erleben, von der
wir hoffen, dass sie weitergeht. Lassen Sie mich
also mit einer Bitte schließen, die eigentlich ein
Auftrag ist: Die Pilgerreise ins Heilige Land ist

zu Ende, unser Stil, gemeinsam voranzugehen, aber geht Gott sei Dank weiter. Dafür wollen wir dem Herrn unseren Dank und Lobpreis darbringen!

Verzeichnis der Bibelstellen

Biografie

Carlo Maria Kardinal Martini SJ wurde am 15. Februar 1927 in Turin geboren. Seine Schulzeit verbringt er auf einer Schule der Jesuiten und mit siebzehn Jahren tritt er am 25. September 1944 in die Gemeinschaft des heiligen Ignatius von Loyola ein.

Martini studiert zunächst an der Philosophischen Fakultät Aloisianum in Gallarate sowie an der Theologischen Fakultät in Chieri. Am 13. Juli 1952 wird er von Kardinal Maurilio Fossati zum Priester geweiht.

Sein Tertiat absolviert Martini in Rom. Dort promoviert er an der Jesuitenuniversität Gregoriana in Theologie über „Das historische Problem der Auferstehung in den Gegenwartsstudien", 1958 wird ihm die Doktorwürde verliehen.

Zunächst lehrt er in Chieri, kehrt aber bald nach Rom zurück und schließt dort am Päpstlichen Bibelinstitut ein weiteres Promotionsstudium an, das er 1966 abschließt. Danach wirkt er einige Zeit am Institut als Professor und Dekan.

Martini erwirbt sich schnell einen ausgezeichneten Ruf als Exeget, aber auch Exerzitienmeister, 1978 darf er gar die berühmten Fastenexerzitien der Römischen Kurie leiten.

Nur ein Jahr später, am 29. Dezember 1979, wird Martini von Papst Johannes Paul II. zum Erzbischof von Mailand ernannt, die Bischofsweihe findet am 6. Januar 1980 im Petersdom statt. Beim Konsistorium am 2. Februar 1983 wird Martini zum Kardinal ernannt.

Martini bleibt für mehr als zwei Jahrzehnte Erzbischof von Mailand, ehe er 2002 die Altersgrenze erreicht und emeritiert wird. Gleichzeitig bekleidet er auch verschiedene andere Posten, beispielsweise von 1986 bis 1993 als Präsident des Rates der europäischen Bischofskonferenzen.

Nach seiner Emeritierung lebt Martini bis 2008 abwechselnd in Mailand und in Jerusalem, danach in einer Jesuitenkommunität in Gallarate. Dort stirbt Martini am 31. August 2012. Er hinterlässt ein reiches Erbe an Schriften, Predigten und Meditationen und wird bis heute als origineller und spiritueller Denker geschätzt.

Titel der Originalausgabe:
Carlo Maria Martini: Questo solo è l'inizio.
Dalla Terra Santa alla vita di ogni giorno
© 2015 Edizioni Terra Santa, Mailand
All rights reserved

Texte: © Fondazione Carlo Maria Martini, Mailand

Deutschsprachige Ausgabe
© Verlag Herder GmbH, Freiburg im Breisgau 2017
Alle Rechte vorbehalten
www.herder.de

Als deutsche Bibelübersetzung ist zugrunde gelegt:
Die Bibel. Die Heilige Schrift
des Alten und Neuen Bundes
Vollständige deutschsprachige Ausgabe AΩ
© Verlag Herder GmbH, Freiburg im Breisgau 2005

Satz: wunderlichundweigand, Stefan Weigand
Herstellung: CPI books GmbH, Leck

Printed in Germany

ISBN Print   978-3-451-37671-9
ISBN E-Book   978-3-451-81087-9